浙江树人大学出版基金
浙江树人大学马克思主义理论学科建设基金
—— 资 助 ——

陈乐敏 ◎ 著

大学生
激励教育研究

STUDY ON MOTIVATION
EDUCATION OF COLLEGE
STUDENTS

ZHEJIANG UNIVERSITY PRESS
浙江大学出版社

序

马建青[*]

思想政治教育本质上就是一种激励教育。它通过各种有效的激励方式方法,一方面把党和国家的要求有效地转化为教育对象的自觉行动,调动教育对象服务国家、服务人民的主动性、积极性和创造性;另一方面发掘、调动教育对象的内在潜能和内在发展需要,促进其自我充分成长,成为德智体美全面发展的时代新人。

在实现中华民族伟大复兴的中国梦的道路上,大学生是一支重要的力量。2016年12月7日,习近平总书记在全国高校思想政治工作会议上发表重要讲话,深刻回答了高校培养什么人、怎样培养人以及为谁培养人这个根本问题。他指出:要用中国梦激扬青春梦,为学生点亮理想的灯、照亮前行的路,激励学生自觉把个人的理想追求融入国家和民族的事业中,勇做走在时代前列的奋进者、开拓者。

本书作者陈乐敏博士多年来一直关注激励教育问题。我曾是她的硕士生导师和博士生导师。她的上进、勤奋、刻苦、锲而不舍的精神给我留下了深刻的印象,在她身上,我切身感受到了一个受目标激励、锲而不舍的人是如何挖掘自身潜能,克服各种困难,最终获得硕士学位和博士学位的。

大学生激励教育的探索课题来源于陈乐敏多年从事大学生思想政治教育和心理健康教育的工作实践,来源于她对激励理论的思考和对激励教育的实证研究。长期以来,激励理论一直为西方心理学、管理科学所关注,取得了一系列的成果。但激励教育一直没受到国内教育界足够的重视,国内激励理念

* 马建青,浙江大学马克思主义学院二级教授,博士,博士生导师。浙江省马克思主义学会思想政治教育学科研究会会长,浙江省高校思想政治教育研究会副会长,浙江省高校心理健康教育研究会理事长。

比较陈旧,激励方式方法欠缺,激励教育开展不够。陈乐敏积极借鉴西方激励理论,多年来探索激励教育如何与思想政治教育有机结合起来,如何运用于高校思想政治教育实践中,如何实现激励教育的本地化。

书中,作者在国内外激励教育文献分析和大学生问卷调查、高校老师座谈、专家访谈的基础上,建构了大学生激励教育的六个维度,即信仰激励、目标激励、实践激励、情感激励、榜样激励、奖励激励。基于六个维度,编制了"大学生激励教育调查问卷",并进行了深入的分析,探讨了大学生激励教育的效果及其影响因素。同时根据自身多年大学生激励教育实践的经验和体会,提出了优化大学生激励教育路径的诸多对策。这些建立在文献研读、实证调查和自身实践基础上的分析和建议,对推进激励教育,加强高校思想政治工作具有积极的参考价值。为了增加说服力,作者在书中还引用了座谈、访谈或工作中遇到的典型案例,使理论和实践得到了较好的结合。书中不乏作者独到的研究成果。

期待本书的出版对推动高校激励教育产生有益的作用。

目　录

第一章 绪 论

习近平在党的十九大报告中指出:青年兴则国家兴,青年强则国家强。青年一代有理想、有本领、有担当,国家就有前途,民族就有希望。大学生是青年中最积极、最有生气的力量,肩负着实现中国梦的重任。然而受到国内外环境中一些不良因素的影响,部分大学生存在理想缺失、目标缺位、动力缺乏等问题。

在这样的形势下,加强和改进大学生的思想政治教育工作显得尤为迫切。在长期的思想政治教育实践中,广大思想政治教育工作者从各个层面与方向进行了广泛而积极的探索,取得了一定成效。其中,激励教育是人们探索的内容之一。笔者在长期从事高校思想政治教育的过程中,开展了一定的激励教育实践。实践证明,激励教育能够激发大学生的精神动力,提高大学生自我激励能力,促进大学生树立科学的理想信念、培育正确的价值取向、形成积极的人生观、养成良好的行为习惯。因此,开展大学生激励教育及其研究有着十分重要的意义。

第一节 问题缘起

当前,作为大学生思想政治教育重要内容的激励教育尚存在诸多问题,无论是理念、内容,还是手段、载体等方面都相对滞后于思想政治教育的发展与要求。概括起来主要有以下三个方面。

一是大学生激励教育理念滞后于时代的发展。目前部分高校的激励教育仍受传统思想政治教育的影响,即重视外部激励而忽视内部激励。传统的思想政治教育片面地强调思想政治教育实践改造物质世界和精神世界的工具价值,忽视了这一工具价值是在思想政治教育主客体的交往实践中生成,从而导致思想政治教育对作为客体的"人"的主体性以及主客体互动的漠视;传统的思想政治教育概念往往被误读为压服或宣传,即把思想政治教育归结于依靠权力或强制力量的外在施加。[①] 在传统思想政治教育理念的影响下,大学生激励教育以社会需求为出发点,习惯用大而远的共产主义理想信念、大而全的道德榜样等激励大学生,这种单向灌输式的激励教育模式在当时社会生产相对落后、价值观一元化的计划经济时期,的确对提高大学生思想政治觉悟、激发大学生积极性有过明显的促进作用。

然而,当前国内外的形势发生了重要的变化,世界经济全球化不断扩展,国与国之间的联系日益密切,各种思想文化在更大范围内相互碰撞,高校作为各种思想碰撞的前沿,在人才培养上也受到影响;加之我国正处于全面建成小康社会,加快推进社会主义现代化建设,实现"两个一百年"奋斗目标的关键时期,社会主义市场经济不断推向深入,社会结构发生深刻变化,利益格局不断调整,人们的价值观呈多元化发展趋势,大学生的思维方式、行为方式较之以往也发生了深刻的变化,他们更加注重个人的实际利益。在这样的背景下,思想政治教育学科跟随着社会的革新也在不断发展,传统的"社会需要论"研究范式已经向"现实的个人"为出发点的研究范式转向。[②] 因此,在现代思想政治教育不断发展的今天,就要求高校既要充分尊重教育对象的主体性,又要兼顾社会角色的多样性需求;既要充分激发个体的积极性、主动性和创造性,又要维护社会主义意识形态的主导权,坚持价值导向一元性和个体价值多样性的有机统一。显然,传统的激励教育理念已经远远滞后于社会的发展,因而也难以彰显其效果。时代在变,理念也要随之更新,新时代呼唤能够指导大学生激励教育的全新理念。

二是大学生激励教育的目标和内容呈功利化倾向。高等教育在不同发展阶段有不同的历史使命。早在 100 多年前,现代大学的奠基者蔡元培先生在就任北京大学校长的演讲中就说道:"大学者,研究高深学问者也。"他认为大

---

① 张耀灿,等.现代思想政治教育学[M].北京:人民出版社,2006:51—52.
② 张耀灿.思想政治教育前沿[M].北京:人民出版社,2006:303.

学不是升官发财的阶梯,告诫学生不要把学问当成获取职业资格的手段;作为学生,在研究学问之外,更应砥砺德行,提高自身的素质和修养。

随着高等教育大众化的推进,以及大学生"不包分配,自主择业"的压力增大,很多高校将解决大学生的就业问题摆在思想政治教育工作的首位,这也导致一些高校将激励教育的首要目标定位为满足大学生的就业需求、提供大学生的就业服务,从而把提高大学生的就业竞争力、传授求职技巧作为激励教育的主要内容。诚然,大学生的就业关乎个人的生存问题,是大学生的基本动机,但过分关注职业培训,有可能导致大学生迷失接受高等教育的终极价值诉求,丧失远大的理想抱负,正如北京大学博士生导师钱理群在一次座谈会上所提出的:"我们的一些大学,包括北京大学,正在培养一些'精致的利己主义者',他们高智商,世俗,老到,善于表演,懂得配合,更善于利用体制达到自己的目的。这种人一旦掌握权力,比一般的贪官污吏危害更大。"①这一言论经媒体报道,在社会上引起热议,同时也引发了思想政治教育工作者的担忧,他们开始反思大学生思想政治教育的主要目的究竟为何,激励教育的目标究竟在何处。

就在 2016 年 12 月的全国高校思想政治工作会议中,习近平回答了高校培养什么人、怎样培养人、为谁培养人的问题,从而为推进大学生思想政治教育指明了方向,也为激励教育指明了出路。他指出高等教育要"为人民服务,为中国共产党治国理政服务,为巩固和发展中国特色社会主义制度服务,为改革开放和社会主义现代化建设服务"。这表明现阶段高校要坚持正确的政治导向。他还指出现阶段"我国高等教育肩负着培养德智体美全面发展的社会主义事业建设者和接班人的重大任务",强调高校的立身之本在于立德树人。因此,我们可以旗帜鲜明地提出,当代大学生激励教育要摒弃功利化倾向,要坚持社会主义的办学方向,根据国家和个人的发展需要,不断充实新的内容,除了满足学生的基本需求、引导学生掌握生存的基本知识和技能外,更要让大学生"正确认识远大抱负和脚踏实地,珍惜韶华、脚踏实地,把远大抱负落实到

---

① 谢湘,堵力. 理想的大学离我们有多远:北大清华再争状元就没有希望[EB/OL]. http://zqb. cyol. comhtml2012-05/03/nw. D110000zgqnb_20120503_2-03. htm.

实际行动中,让勤奋学习成为青春飞扬的动力,让增长本领成为青春搏击的能量","不断提高学生思想水平、政治觉悟、道德品质、文化素养,让学生成为德才兼备、全面发展的人才"。①

　　三是大学生激励教育的方法和载体有待优化和创新。在社会主义市场经济以及科学技术日新月异的环境中,95后、00后大学生较之70后、80后大学生,思想更加活跃,更喜欢追求新鲜事物,他们的日常生活与互联网紧密关联,获取社会信息的速度加快,交往渠道扩大,行为更加自由开放,他们被称为"互联网的原住民"。可以说,现在大学生的主体意识增强,需求增多,价值取向更加多元化,而且知识面更广,思维更加敏捷,逻辑判断力更强,这些使得他们把自己作为消费者的意识也日益增加,他们将自己与学校视为处于平等地位的主体,关注自己的成长与未来的发展,具有很强的现实性。② 相较而言,当前高校的激励教育手段和方法存在较多问题,如激励手段较为单一,一些思想政治教育工作者在日常工作中习惯采用比较刚性的奖励激励,却忽视了学生的情感需求;又如有些教育者的激励方法运用不到位,他们在开展榜样激励时忽视了教育对象的身心特点,引起大学生的逆反心理;再如一些高校在组织激励教育活动时,通常只采取召开表彰大会、事迹报告会等大规模的群体激励形式,缺乏个体的针对性;等等。这些都在一定程度上阻碍了大学生积极性、主动性和创造性的发挥。因此,思想政治教育工作者急需根据大学生的现实需求和特点对当前的激励方法和手段进行改进和创新,"因事而化、因时而进、因势而新",使其更具有针对性和实效性。

　　综上所述,在新时代环境不断变化的宏观背景下,当代高等教育要培养社会适应性良好的人才,在思想政治教育工作中面临许多共同课题:应当用什么样的科学理念来激励大学生? 采用什么样的激励方式更加有效? 如何优化传统的激励方式以发挥其应有的激励作用? 如何从中国优秀传统文化和西方先进的激励思想中汲取养料来加强和改进大学生激励教育? 这些都是需要给出

---

　　① 习近平.把思想政治工作贯穿教育教学全过程　开创我国高等教育事业发展新局面[EB/OL]. http://dangjian.people.com.cn/n1/2016/1209/c117092-28936962.html.
　　② 向宇婷,董娅.当代大学生思想政治教育方法理念的人学化发展及取向[J].思想政治教育研究,2010(2):55.

答案的。

第二节　核心概念界定

要研究大学生激励教育,首先要对激励、激励教育、大学生激励教育等核心概念进行界定,并对其内涵进行解读,才能以此为基础对大学生激励教育展开深入研究。

一、激励

在我国,激励一词由来已久。激励一词最早出现在《史记》中,《史记·范雎蔡泽列传》中有"欲以激励应侯"之说,此处激励表示"激发、振作",比西方学者所研究的激励概念要早几百年。早期文献中的"激"与"励"("励"也多写为"厉")多是分开使用的,但是两个字都具有"激发、劝勉"的意思,如司马迁《报任安书》中的"至激于义理者不然",《三国志·蜀书·诸葛亮传》中的"亲秉旄钺,以厉三军"。"激励"一词发展到当代,多是激发、鼓励之意,如在我国《现代汉语词典》中将激励定义为"激发鼓励"。①

激励的英文为"motivate",它来自拉丁语"Movere",是提供一种行为的动机、原因,即诱导、驱使之意。《牛津高阶英汉双解词典》对激励给出了两种不同词性的解释:一是名词"(for sth.) a reason for doing sth"(做某事的缘由),与拉丁文词义相近,另一词性为形容词,"causing movement or action"(发动的、导致运动的)。②

20世纪以来,随着心理学、管理学和行为科学的发展,西方学者日益关注"激励"这一核心问题,研究者从不同视角揭示激励的本质内核及功能形态:"'激励'一词,作为心理学的术语,指的是持续激发人的动机的心理过程。通过激励,在某种内部或外部刺激的影响下,使人始终维持在一个兴奋的状态中。激励是指引起个体产生明确的目标指向行为的内在动力。"③也有学者认

---

① 现代汉语词典(修订版)[M].北京:商务印书馆,1999:588.
② 牛津高阶英汉双解词典(第六版)[M].北京:商务印书馆,2004:1128.
③ 俞文钊.现代激励理论与应用[M].大连:东北财经大学出版社,2014:2.

为激励是用来解释行为的一种理论构念和启动过程。它为人们的行为、心愿和需求提供了执行的动力和理由。激励也可以被定义为一个人的行为指导，以解释是什么原因导致一个人想重复和执行一种行为。[①]

组织行为学中，"激励就是组织为了更好地激发员工的工作热情和积极性，通过设计对员工有刺激作用的一系列措施，来激发、引导、维持和规范员工的行为，从而使员工能更好地为实现组织目标服务"[②]。

激励运用到管理上，则是指"管理者根据组织的战略目标，对成员的行为加以强化，采取领导、引导的方式鼓励组织成员自我管理，使其行为加速达到组织预定目标的心理过程"[③]。

由上述概念可知，无论在哪一类学科当中，激励的本质都归结为：为了调动人们的积极性。所谓积极性是指人在追求目标的过程中表现出来的进取向上的心理状态和行为倾向。激励的过程也就是不断激发人的动机的过程。激发人的动机的心理过程模式可以表示为：需要引发动机，动机引发行为，行为又指向一定的目标，这四者的关系可以用图 1-1 表示。

图 1-1　动机激发的心理过程模式[④]

二、激励教育

在国内较早提出"激励教育"概念的是天津市红桥区教育局 1994 年公开发布的《激励教育的指导纲要（草案）》。纲要指出，激励教育不仅仅是教育方法，更是一种教育思想。纲要中对激励教育的实质、理论依据、目标、要素、原则等五个方面进行了阐述。20 世纪 90 年代末，中共中央、国务院颁布《关于深化教育改革 全面推进素质教育的决定》（中发〔1999〕9 号）之后，一批学者开始将激励教育作为素质教育的有效载体和途径进行探索。至今已有众多学者对

[①]　Ellliot A. J. & Covington M. Approach and Avoidance Motivation [J]. Educational Psychology Review, 2001(13): 2.

[②]　夏洪胜,张世贤.组织行为学[M].北京:经济管理出版社,2014:83.

[③]　彭四平,童恒庆.激励心理学——人类前进的推动器[M].武汉:湖北人民出版社,2006:26.

[④]　俞文钊.现代激励理论与应用[M].大连:东北财经大学出版社,2014:2.

其定义进行了探讨,具有代表性的有以下两种。

一是"方法说"。该观点认为激励教育是一种方法,这种观点影响较为广泛,多数学者持此观点,当前的相关研究也多以此为基点。比如,"激励教育是指持续地激发人的动机,使人提高积极性,从而达到提高行为效率目的的方法"①。"激励教育,就是激发人们的主观动机,鼓励人们朝着正确的目标努力。"②也有人认为激励教育是"思想政治教育者在一定教育目标的指导下,运用正确的激励原则和方法,通过一定的激励刺激,满足教育对象的需要,从而激发其动机,调动其思想、道德、情感等各方面的积极性和创造性,进而帮助其端正思想动机,提高思想觉悟,使其朝着期望的目标努力前进的一种方法。这种方法以满足受教育者的需求为前提,以激发受教育者的动机为先导,立足于受教育者主体性和积极性的发挥,是一种人性化的方法"③。

二是"系统说"。该观点认为激励教育是一个整体系统,比如"不能仅仅从方法与手段的层面讨论激励教育,而应将其置身于一个更广阔的场域之中,将激励教育视为一个从形而上的教育理念到形而下的教育手段的一以贯之的整体"④。有人认为,激励教育是激发教育对象的一个整体教育过程,激励教育是"为满足教育活动中人们各自的需要而创设各种激发其动机的条件,调动其积极性,以实现既定教育目标的过程"⑤。

综合上述观点,本书认为激励教育是教育者根据教育目标,根据受教育者的需求和身心特点,遵循一定的激励原则,运用适当的激励方法,激发受教育者的动机,帮助其端正思想动机,提高思想觉悟,从而调动受教育者积极性、主动性、创造性,使其朝着既定的教育目标前进。

① 祖嘉合.思想政治教育方法教程[M].北京:北京大学出版社,2004:245.
② 郑永廷.思想政治教育方法论[M].北京:高等教育出版社,1999:149.
③ 王易,张莉.试论激励法在大学生思想政治教育中的运用[J].思想理论教育导刊,2010(7):78-79.
④ 潘永兴.激励教育的理论诠释[J].东北师大学报(哲学社会科学版)2011(3):181-182.
⑤ 李祖超.教育激励论[M].北京:中国社会科学出版社,2008:20.

第三节　国内外相关研究综述

近年来,大学生激励教育的研究涉及思想政治教育学、教育学、心理学、管理学等多学科,为了了解与大学生激励教育相关的国内外研究现状,笔者对相关文献资料进行专项检索,并对收集的文献资料进行细致梳理,为后续的研究奠定了良好的基础。

一、国内相关研究

随着国内激励问题研究的不断拓展,其研究领域逐渐从管理学、心理学向其他领域延伸,研究对象也从企业员工发展到学生。20 世纪 90 年代,国内的激励教育研究开始步入正轨,并迅速发展。截至 2017 年 6 月 30 日,笔者根据研究内容,在中国知网(CNKI)以"激励教育"为关键词进行检索,共有文献 1683 篇,其中期刊论文 1282 篇,硕士学位论文 102 篇,说明该主题的文献数量众多,但博士学位论文仅潘永兴的《激励教育的理论诠释与实践模式研究》1篇。笔者再以"大学生激励教育"为关键词二次检索,搜索到文献共 157 篇,其中期刊论文 138 篇,硕士学位论文 18 篇,博士学位论文 0 篇。

笔者针对相关文献资料进行了梳理,发现该选题的研究者以高校专职思想政治教育工作者、思想政治理论课教师以及思想政治教育专业的硕士研究生为主;而该选题相关论文在高层次期刊上发表的数量较少。其中,研究的主要内容包括大学生激励教育的价值、内容、方法、存在的问题以及相应的对策等几个方面。

第一,大学生激励教育的价值研究。学者认为激励教育对提升思想政治教育的效果,促进大学生的成长成才,改善师生关系等方面有非常重要的作用。郝文军认为激励教育"着重强调个性化教育,注重个性和情感因素的充分发挥,这对我们转变教育观念,树立'以人为本'的管理理念,提供了极其有益的参考和借鉴"[①]。王伟忠认为激励教育有利于高校践行"以生为本"工作理

---

① 郝文军.大学生思想政治教育激励机制的建设[J].思想政治教育研究,2008(12):94.

念,有利于促进大学生全面和谐发展,有利于为大学生的发展提供正确的价值
取向,有利于培养适应社会需求的高素质多样化人才。[1] 庞晶等从促进思想政
治理论课教学的角度提出激励教育"可以增强高校思想政治理论课的实效性,
可以拉近师生间的距离,有利于师生的沟通,可以帮助学生树立正确的世界
观、人生观和价值观"[2]。刘晓黎等从大学生生态道德教育的角度提出,作为心
理学研究范畴的激励教育,是产生积极性的主要途径,它为大学生道德教育提
供了新的思路和方法,它的作用在于规范人们的行为,使预期的行为从无到
有,由弱变强,出现从低到高的频率。[3]

　　第二,大学生激励教育的内容研究。就大学生激励教育的内容而言,刘红
宁等提出激励教育的多元化梯度激励内容:激励大学生树立社会主义核心价
值观,激励大学生建立赢在终点的坚定信念,激励大学生养成随时随地学习的
好习惯,激励大学生具备过硬的思想力,激励大学生具有健康的身体,阳光的
心理和高尚的品格。[4] 孙艳淮从大学生的主要任务角度提出激励教育的内容
包括思想政治激励、学习激励和创新激励等三个方面。[5] 丁永建认为大学生的
思想政治激励首要任务是进行爱国主义激励,其次是道德激励,再次是学习目
的和学习兴趣激励。[6] 黄雅恒认为激励教育的内容包括以下十个方面:一是爱
国热情;二是为中国特色社会主义奋斗;三是做遵纪守法的社会主义好公民;
四是践行中国特色社会主义理论体系;五是树立为人民服务,以国家利益和集
体利益为先的意识;六是发扬继承传统美德;七是弘扬符合时代要求的新观
念,摒弃禁锢守旧的旧观念;八是完善自我能力,提升思想素养;九是塑造较强
的心理承受和调适能力;十是对美的鉴赏能力。[7] 王晓寰提出激励教育要注重
培养大学生的非智力因素。[8]

[1] 王伟忠.高校学生发展性激励机制探析[J].中国成人教育,2008(2):30.
[2] 庞晶,徐凤江.论高校思想政治理论课中激励教育法的运用[J].职业与教育,2012(2):134.
[3] 刘晓黎,邵秋男.激励作用在大学生生态道德教育中的运用[J].经济师,2014(5):216.
[4] 刘红宁,廖东华,康胜利.高校多元化梯度激励新机制探索[J].思想教育研究,2010(11):79—80.
[5] 孙艳淮.激励理论在大学生教育管理中的应用[J].中国青年研究,2008(11):100—101.
[6] 丁永建.新时期高校思想政治教育激励模式创新[J].中国成人教育,2012(1):86.
[7] 黄雅恒.思想政治教育激励机制构成要素及其运行原则分析[J].教学与管理,2011(12):76.
[8] 王晓寰.教育激励理论与大学生非智力因素的培养[J].中国成人教育,2012(11):87.

　　第三,大学生激励教育的方法研究。就激励教育方法的定义而言,张耀灿等认为激励教育方法就是激发人的积极性和上进心的教育方法。[①] 陈秉公认为思想政治教育过程的激励教育,主要是指教育者遵循人的思想、行为发生发展的特点和规律,按照社会组织的要求,通过各种有益的方法,激发人们形成积极的心理推动力,鼓励人们在学习、工作和劳动中表现出高度的积极性、能动性和创造性的实践活动。[②] 刘新庚认为激励教育是以人们的客观需要和主观动机为根据,以实现一定的期望为目的,以物质激励和精神激励为主要手段。[③] 韩玉芳等认为"所谓激励教育方法是指一种能激发人的某种动机,产生积极性,并使这种积极性转化为自觉行为的外在刺激方法"[④]。王礼湛认为激励教育方法"是指教育者通过对教育对象反复施加某种影响,从而促使其巩固或消退某种思想品德或行为的一种教育。即通常所说指的激励和鞭策"[⑤]。根据以上论述,激励教育方法有两个方面的功能:一是能够激发人的动机;二是能够保持人的积极性,产生自觉的行为。由此可知,大学生激励教育方法是能够激发大学生的动机,持续保持大学生思想、道德、行为等各方面积极性的方法。

　　就激励教育方法的分类而言,学者说法不一,各有侧重。其中"两分法说"是最典型的,它是按照内容将激励教育分为物质激励和精神激励,认为"物质激励是通过使受教育者获得奖金、奖品等物质利益,使受奖者和社会他人受到鼓舞和激励。精神激励是采取表扬、嘉奖、授予各种荣誉称号、树立典型等方式,使受奖者的突出贡献和业绩得到社会承认、彰显、弘扬和尊重,从而激励受奖者和社会他人对思想政治教育目标的认同"[⑥]。"两分法说"是学界较为认同的观点。

　　随着人本主义理念的深入,学界出现"三分法说"。俞文钊在物质激励、精

①　张耀灿,等.思想政治教育学原理[M].北京:高等教育出版社,2001:4.
②　陈秉公.思想政治教育学原理[M].沈阳:辽宁人民出版社,2006:272.
③　刘新庚.现代思想政治教育方法论[M].北京:人民出版社,2006:233.
④　韩玉芳,等.思想政治工作方法教程[M].北京:中共中央党校出版社,1998:98.
⑤　王礼湛.思想政治教育学[M].杭州:浙江大学出版社,1989:260.
⑥　石凤妍,徐建栋.党的思想政治工作方法新论[M].天津:天津社会科学院出版社,2006:61-62.

神激励的基础上,提出了与之相并列的"感情激励",认为"感情激励是指既不是以物质利益为刺激,也不是以精神理想为刺激,而是以个人与个人之间的感情联系为手段的激励模式"①。李祖超认为教育中的感情激励即教育者以情感交流的方式来鼓励学生,指出其严格来说属于精神激励范畴,但因为它在教育激励中所能起到的特殊作用,往往是意想不到的效果,因此将其单列。②

也有学者提出"四分法说",杨芷英从思想政治教育心理学视角,按照激励的运行过程将其划分为四种类型:在教育对象行为之前所采取的激励,以目标激励为代表;在教育对象行为过程中所采取的激励,以强化激励为代表;在教育对象行为之后所采取的激励,以奖励激励为代表;贯穿教育对象行为始终的,以信任激励为代表。③ 此外,李祖超从不同角度将激励教育分为群体激励与个人激励、理性激励与感性激励、有意激励与无意激励、及时激励与延时激励、显性激励与隐性激励、赞扬激励与抑制激励、正面激励与反面激励、外部激励与自我激励。④

第四,当前大学生激励教育存在的问题及对策。学界针对激励教育存在的问题,主要从大学生激励教育的主体、客体、介体、环体、效果等维度分析。从激励教育的过程来看,王易等认为目前大学生激励教育存在的问题有:高校采取的激励方式单一,激励的时效性不强,环境激励氛围较差。⑤ 马长英等认为激励教育在大学生思想政治教育中的不足有激励理念偏差、激励针对性不强、激励时机把握不准、激励艺术性不足等四个问题。⑥ 但总的来说缺乏系统的理论研究,对这些问题产生的原因分析不够深入。

对策研究是该领域研究最多的议题之一,无论从哪个视角切入都有涉及,这既是逻辑需要,也是研究的价值追求。归纳起来,主要有三个方面的对策。

---

① 俞文钊.现代激励理论与应用[M].大连:东北财经大学出版社,2014:50.
② 李祖超.教育激励论[M].北京:中国社会科学出版社,2008:83.
③ 杨芷英.思想政治教育心理学[M].北京:中国人民大学出版社,2014:82.
④ 李祖超.教育激励论[M].北京:中国社会科学出版社,2008:85—93.
⑤ 王易,张莉.试论激励法在大学生思想政治教育中的运用[J].思想理论教育导刊,2010(7):80—81.
⑥ 马长英,蒋美红.激励法在大学生思想政治教育中的运用及其哲学审视[J].北京化工大学学报(社会科学版),2012(4)75—76.

第一,研究大学生需求。孙媛红等认为思想政治教育的激励教育就要在适应受教育者的需要的基础上,激发受教育者的积极性;就是要引导受教育者正确、合理的需要,充分调动其积极性。通过对受教育者的需要的引导,使其积极行动起来,或"激发他们认识自身合理的需要并为之而奋斗的动机"[1]。王丽萍等提出开展满足学生的激励需求的激励教育,如满足自我实现的需要、精神满足的需要、提升道德观念的需要、渴望肯定的需要、适当的物质激励机制需要,通过目标激励、荣誉激励、情感激励、榜样激励、竞赛激励等形式提高思想政治教育的效果。[2]

第二,完善激励机制。蔡奇轩认为可以建立科学评价、功效挂钩相结合的双效激励机制,把科学的绩效考评观引入激励机制中,功效与学生实际的奖惩相挂钩,激发学生的竞争意识。[3] 王丽萍等提出坚持物质激励和精神激励相结合,以精神激励为主,建立专门的奖惩评审机构,建立高校学生奖惩档案,对学生的激励要实施动态管理,做好激励机制的宣传工作。[4] 任莉提出要以人为本,加强大学生思想政治教育;完善奖惩制度,有效实施管理;丰富课外活动,营造良好氛围;树立榜样,宣传典型等措施来加强激励教育。[5] 在互联网时代,冯刚等基于游戏系统的启示,提出善于运用网络手段载体,增强思想政治教育反馈激励机制的时效性;明确目标导向体系,增强思想政治教育反馈激励机制的系统性;激发学生主体成长发展内生动力,增强构建思想政治教育反馈激励机制的连续性。[6]

第三,创新激励方法。丁永建从创新激励模式的角度,认为在激励方式上,除了传统的激励方式外,新时期高校思想政治教育激励模式可以尝试引进

---

① 孙媛红,李广超.论思想政治教育激励机制的动力之源——马克思主义人的需要理论[J].山东青年,2014(3):108—109.

② 王丽萍,袁云岗.激励理论与高校学生思想政治教育的路径和对策[J].河北学刊,2010(4):227.

③ 蔡奇轩.试析激励理论在高校学生管理中的运用[J].江西社会科学,2012(3):247—248.

④ 王丽萍,李英梅.高校学生思想政治教育激励机制构建研究——以河北省部分高校为例[J].学校党建与思想教育,2010(11):68.

⑤ 任莉.高校学生激励机制的理性思考[J].学校党建与思想教育,2011(1):81.

⑥ 冯刚,王栋梁.思想政治教育反馈激励机制的构建——基于游戏系统的启示[J].思想政治教育,2018(8):22—25.

文化激励、沟通激励、差别激励以及心智激励等模式。① 高紫薇认为朋辈激励
体现的是一种互助式心理激励的理念,大学生志愿者之间是一种朋辈关系,他
们互相之间的激励效果更为显著,因此可以通过树立团队核心人物,实现朋辈
间的榜样激励;借助成员互动形式,实现朋辈间的情感激励;注重志愿者传、
帮、带,实现朋辈间的全程激励;创立"志愿者平方",实现朋辈间的互助激励。②

　　国内关于大学生激励教育的研究,为本书的深入研究提供了借鉴与启发。
但目前的研究也存在一些不足,有待进一步完善。

　　其一,在理论指导上,缺少对中国特色社会主义激励理论的挖掘。多数研
究者大量引用西方的激励理论,对中国特色社会主义的激励思想挖掘不够,对
中国传统激励教育思想挖掘不深。建设有中国特色社会主义大学,要高举马
克思主义旗帜,牢牢把握意识形态的主导权,要以习近平新时代中国特色社会
主义思想来统领我国的大学生激励教育。因此,本书侧重挖掘马克思主义中
国化的最新激励思想。

　　其二,在研究内容上,缺少对大学生激励教育的系统研究。现有文献研究
多从方法的角度研究激励教育,而对激励教育的理念、特征、功能、运行机制涉
及较少;对大学生激励教育存在的问题研究较多,但对于能够激发大学生积极
性、主动性和创造性的有利因素研究较少;从激励教育的协同性来看,大学生
激励教育涉及社会、家庭、学校、个人四个方面,而目前改进大学生激励教育的
路径中针对这四个方面的系统论述较少;从激励教育衔接性来看,现有文献中
研究大学阶段的激励教育多,但还缺少大学和中学、大学与家庭的激励教育衔
接研究,激励教育的衔接问题成为当前一个薄弱环节。

　　其三,在研究方法上,缺少大学生激励教育的实证研究。围绕大学生激励
教育,大多数论文主要采用文献研究的方法,较少开展实证调查,特别是少见
针对不同类型的高校、不同大学生群体的激励教育调研,少有对大学生的激励
教育实效性深入开展的质性研究。

　　① 丁永建.新时期高校思想政治教育激励模式创新[J].中国成人教育,2012(1):87.
　　② 高紫薇.朋辈激励在大学生志愿者服务中的探索和运用——以上海师范大学世博园志愿者为
例[J].青年探索,2011(3):41.

二、国外相关研究

国外学者对激励的相关论述主要集中在管理学、组织行为学、心理学、脑科学等领域，在教育领域的激励则涉及较少。下面就具有代表性的理论、观点作一综述，以期对深入开展我国大学生激励教育研究和实践有所裨益。

一是管理学、组织行为学对激励问题的研究。国外对于"激励"的研究众多，以西方管理学的激励理论最为著名。学者们通常将激励理论分为内容型激励理论、过程型激励理论以及强化型激励理论。内容型激励理论着重研究激发人们行为动机的各种因素，过程型激励理论着重研究人从动机产生到采取行动的心理过程，强化型激励理论着重研究人的行为的结果对行为的反作用；内容型激励理论告诉我们人有哪些需要，并认为激励就是满足需要的过程；过程性激励理论告诉我们，把组织目标和满足个人需要统一起来有利于推动人采取组织期待的行为；强化型激励理论则告诉我们，如何通过强化物的刺激使人们的良好行为持续下去。[①] 内容型激励的代表理论有美国心理学家马斯洛的需求层次论、赫兹伯格的双因素理论、奥德弗的 ERG 理论、麦克利兰的成就需要理论（McClelland，1985）。过程型激励理论试图明确是用什么因素激励人们进行活动。这种类型的激励强调激励的方法而不是内容。有代表性的是、弗洛姆的期望理论、亚当斯的公平理论和洛克的目标理论。

二是心理学对激励问题的研究。在激励教育中，西方的积极心理学理论对于激励教育的理论构建有较大的影响。积极心理学兴起于 20 世纪 90 年代，创始人为马丁·塞利格曼（Martin Seligman）和米哈伊·森特米哈伊（Mihaly Csikszentmihalyi）。它是致力于研究人的力量和美德等积极品质的一门科学。[②] 积极心理学是针对传统的病理式心理学而提出的，它着重研究那些使生命更有价值和意义的东西并倡导积极的特质和素质——比如善良、乐观的个性以及良好的人际关系等。积极心理学还认为一切美好的关系和信念都可以帮助人类进一步完善自身，可以使生活和人的情感更加健康和美好，如

---

① 卢倩，聂磊.激励理论研究的现状评述[J].前沿，2005(11)：61—62.

② Sheldon K. M.，King L. Why Positive Psychology is Necessary [J]. American Psychologist，2001，56(3)：216-217.

友情、婚姻、家庭等。在积极心理学理论体系中,占据核心位置的是迪纳(Diener,1984)的主观幸福感理论。主观幸福感是人们根据已达成共识的社会标准来对自己的生活质量进行的非否定的评判和估量,并在此过程中产生的积极情绪占主导的心理状态;主要是为了搞清人们如何评价自己的生活现状的心理学研究领域。主观幸福感包括三部分内容:对生活的认可度,正向情感的积累和负向情感的分解。实际上,主观幸福感研究反映了心理学研究从消极解决不幸到积极创造幸福的模式的转换。①

德西和瑞安(Deci & Ryan,2000)的自我决定理论也是积极心理学理论体系中的一部分。自我决定理论提出人的基本需要是:能力需要、关系需要和自主需要。人们只有当这些需要被满足才会有幸福感。该理论认为基本需要是保证一个社会环境能够让其中的人可以健康成长和促进心理正常发展的基本条件,无法满足这三种基本需要会导致消极的心理后果。② 鲁瑞米克(Lyubomirsky,2001)等开辟的认知方向研究也是积极心理学的一个理论方向。她从积极的认知角度切入,丰富了积极心理学的理论体系:人是主动地体验事件并感知周围环境的。通过生活实践过程中的不断认知,人的心理受到了来自劳动操作和动机性探索的重要影响,产生了多样化的心理诉求并激发了进一步的认知过程。③ 塞拉维(Salovey,2000)等通过对传统心理学进行反思性研究发现:应该更多地关注积极情绪带来的积极主观体验和随之发展出的积极性格特质及健康体魄,而不应过多关注消极情绪的产生和随之而来的疾病。另外,积极情绪和良好性格可以对疾病有很好的预防和治疗效果已被人们所认同。④

积极心理学的一些理论成果与实证研究,如习得性无助与解释风格、关于自尊的研究、积极情感扩建理论等,都为激励教育提供了丰富的思想资源。它

① Diener E. Subjective Well-being [J]. Psychological Bulletin, 1984, 95(3): 542-575.

② Deci E. L., Ryan R. M. The "What"and "Why"of Goal Pursuits: Human Needs and the Self-determination of Behavior [J]. Psychological Inquiry, 2000, 11(4): 227-268.

③ Lyubomirsky S. Why Are Some People Happier than Others? The Role of Cognitive and Motivational Processes in Well-being [J]. American Psychologist, 2001;56, 239-249.

④ Salovey P., Rothman A. J., Detweiler J. B., et al. Emotional States and Physical Health [J]. American Psychologist, 2000,55(1):110-121.

启发激励教育要从学生的发展潜能出发，多从学生的积极面入手，通过肯定、鼓励、欣赏学生等积极的教育方法来培养和强化学生的思想道德品质，消除不良言行，即激励教育要以正向的激励为主。

在激励教育中，国外学者比较注重教育对象的内部激励研究，如美国的丹尼尔·平克，他在《驱动力》一书中提出驱动力理论，认为在驱动力 3.0 条件下的三大要素是自主、专精和目的。他提出传统的以胡萝卜加大棒式的外部奖惩为主的物质激励模式在创造性的工作中已经失效，人们具有想要主导生活、延展能力、让生活更有意义的深层欲望，应该利用这些欲望驱动人们的内在积极性和主动性。他基于自我决定理论，强调了个人内部激励的重要性。其中，他列举了一项研究：20 世纪 60 年代早期，有研究者对芝加哥艺术学院大二和大三的学生进行了调查，询问他们对工作的态度，询问他们更多地受外在因素激励还是受内在因素激励。接着在 80 年代进行的一个后续研究中，研究人员以上一次调查中收集到的数据为基准，看当年参与调查的学生如今事业的发展情况。结果表明在艺术学院学习期间，越少表现出外在动机的学生，在艺术的道路上就越成功，无论是毕业几年内还是近 20 年后都是如此。[1] 还有安德鲁·J.杜柏林博士，他提倡使命激励，他在《自律》一书中提出："使命就是你生活中的总目标，就是你的个人计划（总体安排）或者一生的目标。制定出这样的目标计划可以振奋你的精神，激发你的聪明才智。"[2]

三是教育学的激励问题研究。与管理学、心理学一样，在教育学领域，国外学者也侧重进行实证性研究，美国的塔玛拉·罗葳（Tamara Lowe）在其著作《激励》中，提出了"没有无法被激励的人"的理念，并指出了个人激励因素的差异性；她通大量实证研究，编制了激励量表，创造性地提出了激励 DNA 的概念，激励 DNA 中包含了驱动力（D）、需求（N）和奖赏（A），她还认为激励要根据个体激励 DNA 的类型，采取相应的激励模式。[3] 在自我激励方面，很多学者通过实证研究提出激励模型，如麦考姆斯（McCombs，1994）针对学习领域提出了具有广泛解释力的自我驱动分析框架模型。他认为了解自我系统的结构

---

① 丹尼尔·平克.驱动力[M].龚怡屏译.北京：中国人民大学出版社，2012：58—59.
② 安德鲁·J.杜柏林.自律[M].罗全喜，叶凯译.北京：机械工业出版社，2005：11.
③ 塔玛拉·罗葳.激励[M].王怡文，等译.北京：中国人民大学出版社，2011：36—41.

是认识人类自我调节行为的关键。自我系统包括目标设置、自我监控、自我判断、自我评价、自我强化等成分。其中,自我评价居于核心地位,它不仅可以影响个体在具体情境中对任务的评估、对自己能力的判断、对结果的预期、对目标的设定,而且会影响到个体的自我监控和自我信念。[①] 与麦考姆斯的自我驱动模型一样,美国纽约城市大学的齐莫曼(Zimmerman,1989)教授在吸收了班杜拉、德西等人的研究成果基础上,提出了自我调节模型。他认为,自我调节涉及自我、行为、环境三者之间的互动。个体不仅要对自身的认知、情感状态进行监控和调整,而且要基于外部反馈对自己的行为加以控制,更要营造和利用工作环境中的物质与社会资源。[②]

四是脑科学关于激励问题的研究。脑科学对激励问题的研究能让我们了解个人的激励系统是如何运作的。美国的杰弗里·凯恩经过研究发现:"人脑很像一个照相机的镜头,当它受到激励与挑战时,兴趣盎然,脑的镜头就会打开,接受与加工信息。而当它感到威胁和过度压力时,镜头就会自动地关闭。"大脑具有一种被称为"神经可塑性"的性质——大脑的结构与活动模式无论是童年还是在成年以后的整个人生中都可以发生显著的变化。[③] 也就是说,一直到青春期大脑都在发展,而且遵从"用进废退"的原则。对脑的研究还表明,激励机制与下丘脑系统密切相关。从某种程度上说,适当的外在激励和挑战,融入内在的渴望期待之中,它将产生积极激励的效能。当合理的预期、适度的压力以及丰富的情感交融时,大脑的激励系统会产生愉快情感,使人能够享受娱乐、关怀和成就等行为。[④] 脑神经科学诸多研究揭示:"不同的教育,会引发大脑不同的运作模式。"当学生充满兴趣地参与到丰富的生活情境之中,积极地探索教育活动时,大脑能够有效调节神经递质的水平,神经元能够自然地创设

① McCombs B. L. Strategies for Assessing and Enhancing Motivation: Keys to Promoting Self-Regulated Learning and Performance. In O'Neil H. F. , Drillings J. M. (eds.). Motivation: Theory and Research[M]. New York: Lawrence Erlbaum Associates, Inc. , 1994:49-69.

② Zimmerman B. J. A Social Cognitive View of Self-regulated Academic Learning[J]. Journal of Educational Psychology, 1989, 81:329-339.

③ 理查德·戴维森,沙伦·贝格利. 大脑的情绪生活[M]. 王萌译. 上海:上海人民出版社,2015:187.

④ 岳晓东,等. 欣赏你的大脑[M]. 上海:上海书店出版社,2015:224.

更多的联结,并激活多元思维模式高效地发挥大脑功能。在这种教育教学过程中,人脑的深度加工以及整体功能的高效发挥才能真正实现。这种脑的心智状态是学业与创造力巅峰表现的基石。有学者经过研究梳理了人脑有意义学习的三大显著特征:一是相对放松的状态,认知、情感和身体协同运作的安全感;二是自我驱动、自我激励与自我修正的心理动力循环系统;三是全脑激活,各种思维相互引发、相互促进的认知状态。①

国外各学科关于激励问题的研究,对本书的理论构建及大学生激励教育的对策研究有较强的借鉴意义,特别是国外学者强调通过实证研究来验证激励教育效果的方法值得吸取,那些能够调动大学生积极性、主动性和创造性的方法也值得借鉴。但由于西方的激励理论建立在西方文化背景和价值观下,不同国家的大学生特点、实际需求也不尽相同,这些都需要我们有清醒的认识,要批判地吸收国外激励理论和激励教育中合理的部分,建立适合我国国情的大学生激励教育的理论与实践方案。

第四节　研究的主要内容

一、研究的基本框架

本书以思想政治教育为视域,以马克思主义的辩证激励观和习近平新时代中国特色社会主义思想为指导,借鉴相关学科的理论成果,围绕大学生激励教育的现状、问题、对策等展开研究。本书的写作沿着内涵界定—理论阐述—实证研究—问题及归因—优化策略的思路展开。其中的逻辑主线是"什么是激励教育,为什么要加强激励教育,激励教育的现状如何,新时代怎样更好地开展激励教育"。本书分为六章,研究的主要内容概括如下。

第一章绪论主要包括论文的选题缘由和意义以及考察国内外激励教育的研究现状,提出当前大学生激励教育研究中的问题及当代大学生激励教育研究的基本定位,并提出要以马克思主义理论为指导开展大学生激励教育的基

---

① 岳晓东,等.雕塑你的大脑[M].上海:上海书店出版社,2016:8—9.

本观点。

第二章解读了大学生激励教育的内涵,界定了激励、激励教育等核心概念,指出了大学生激励教育的特征和功能;提出了大学生激励教育的基本要素及运行机制;从国家、高校、个人三个层面论述了大学生激励教育的必要性,并就思想政治教育与大学生激励教育之间的互动关系进行了阐释。

第三章主要阐述大学生激励教育的理论资源,其中包括马克思主义的激励理论、中国共产党的激励思想,将大学生激励教育理论置于马克思主义的话语体系下;借鉴中国传统文化中的激励思想和西方激励理论中的合理成分来丰富大学生激励教育的理论。

第四章针对大学生激励教育的现状展开实证调查。基于信仰激励、目标激励、实践激励、情感激励、榜样激励、奖励激励等六个维度,编制具有信效度的大学生激励教育问卷,并对700多名在校大学生进行问卷调查,得出不同激励方法对不同群体大学生的激励效果,找出对学生最有效的激励方法和激励内容,从而为开展激励教育提供依据。

第五章试图找出当前大学生激励教育存在的问题及其原因。通过文献梳理、量化研究和质性分析得出大学生激励教育存在缺乏科学性、创新性和系统性等问题,并从社会、家庭、学校、个人四个维度分析影响大学生激励教育实效性的主要因素,从而为改进大学生激励教育提供针对性的思路。

第六章主要探讨优化大学生激励教育的策略。根据马克思主义的辩证唯物主义理论,提出开展激励教育应遵循的原则,包括外部激励与内部激励相结合,物质激励和精神激励相结合,认知激励和情意激励结合等原则,着力构建社会、学校、家庭、个人四位一体的大学生激励教育系统,并从六个方面的路径优化激励教育。

二、研究的主要方法

本书以马克思主义理论为基础,坚持理论与实践相结合的原则,综合地运用文献分析、量化研究、质性研究等多种研究方法。

1.文献分析。研究激励教育,就必须首先了解国内外的研究现状,分析激励教育的相关文献,并确保实事求是地呈现这些材料的本来面目,相关著作、文献的研究为本书提供了必要的论证资料,为笔者思考和建构激励教育的模式提供了理论上的借鉴和支撑。

2.量化研究。"没有调查就没有发言权",对当前激励教育实施状况的量化调查是本书主要着眼点之一。2013年至2017年五年间,笔者就大学生激励教育实施情况,先后对浙江省部分高校大学生进行了5次问卷调查,受调查学生累计2500多名。在此期间的问卷调查主要包括:

(1)2013年首次对浙江省五所高校的500名学生展开调查,回收有效问卷448份,本次调查主要是为了了解大学生激励教育的现状(以下简称2013年问卷调查)。

(2)2014年以S大学为个案,开展激励教育的问卷研究,对S大学500名学生开展了问卷调查,回收有效问卷473份,本次调查主要是为了了解激励教育存在的问题(以下简称2014年问卷调查)。

(3)2015年又对S大学的300名学生进行深入细致的问卷调查,回收有效问卷276份,本次调查主要是为了了解激励教育的效果(以下简称2015年问卷调查)。

(4)2016年12月进一步将调查范围扩大,针对浙江省部分高校的500名大学生就激励教育存在的问题及其原因做了详细的问卷调查,此次调查回收有效问卷485份(以下简称2016年问卷调查)。

(5)2017年对浙江省部分高校800名大学生开展了针对6种激励教育方法的效果调查,回收有效问卷705份(以下简称2017年问卷调查)。

五次问卷调查是循序渐进的过程,既有调查面的拓展,有调查内容的深入。问卷调查发现了激励教育具有代表性的普遍问题,也探寻到了深入开展激励教育可供参考的依据和关键点。

3.质性研究。"质的研究方法是以研究者本人作为研究工具,在自然情境下采用多种资料搜集方法对社会现象进行整体性研究、使用归纳法分析资料和形成理论,通过与研究对象互动对其行为和意义建构来获得解释性理解的一种活动。"[①]在质性研究中,笔者通过深度访谈20名大学生、10名思想政治

---

①　陈向明.质的研究方法与社会科学研究[M].北京:教育科学出版社,2000:12.

教育工作者(辅导员、党委副书记、班主任、思想政治理论课教师、心理咨询教师),掌握了有关大学生激励教育的第一手资料;通过高校激励教育中具有代表性个案的研究,使本书能够紧贴实际,研究成果更具有实践性。

三、研究的重点、难点及创新点

1. 研究的重点和难点

研究重点:一是如何通过量化的调查数据、质性的文本分析,准确把握大学生激励教育的现状和特点,特别是存在的突出问题,找出问题的关键性原因;二是提出优化大学生激励教育的途径和方法。

研究难点:如何基于实证调查和文献研究归纳出比较符合客观实际的大学生激励教育的现状并准确把握其影响因素;如何构建新时代大学生激励教育的模式,使之具有较强的可操作性。

2. 研究的创新点

第一,从习近平关于青年学生的一系列讲话中,梳理了对大学生激励教育具有重要指导意义的相关内容,有一定的创新性。

第二,采取多种方法(包括文献分析、专家访谈、问卷调查、师生的质性研究等)提炼了大学生激励教育的六个维度,即信仰激励、榜样激励、情感激励、目标激励、奖励激励、实践激励,对深化激励教育的研究有参考价值。同时,基于六个维度,编制了有信效度的大学生激励教育问卷。该问卷为他人的研究提供了可资借鉴的工具。

第三,基于问卷,对大学生进行了调查。发现激励教育的效果在不同性别、年级、专业,是否党员和学生干部等因素上存在显著性差异。揭示了在诸多激励因素中,情感激励是最有效的激励方法,而就业目标对大学生的激励效果最佳。在分析现状和原因的基础上,从大学生激励教育的六个维度提出了如何有针对性地优化大学生激励教育的路径,具有鲜明的中国特色,可为新时代开展大学生激励教育提供参考。

四、研究意义

研究大学生激励教育问题具有较强的理论价值和现实意义。它不仅能够丰富高校思想政治教育的理论,同时也能为高校思想政治教育实践提供方法和思路,从而提升思想政治教育的育人效果。

第一,本书的研究能够丰富高校思想政治教育的理论。

"激励"理论是西方管理学、心理学研究的重要内容。20世纪80年代,国内已将激励理论广泛运用于企业管理,并开展了激励理论的本土化研究,提出了具有中国特色的社会主义激励理论。这个理论在运用于生产实践中取得了显著的效果。90年代以来,在国内推行素质教育的背景下,为了改变"以教师为本""以教材为本"的传统模式,实现对学生主体精神、主体能力的培养,激励作为一种个人建构主体意识的有效手段,开始逐渐由一种教育方法和教育手段发展成为一种全新的教育思想,并形成了相应的激励教育理论和激励教育实践。① 西方的这些激励理论和国内的激励教育理论和实践,为我们在新时代开展思想政治教育提供了丰富的经验和实践。当前思想政治教育领域对激励问题研究虽有所涉但相对薄弱,无论从理论构建还是实践探索,都存在较大的探索空间,有待进一步的深入挖掘。深入研究大学生激励教育的理论基础,探求马克思主义关于激励的理论以及中国共产党的激励思想,对于丰富高校思想政治教育的理论,以及指导当代大学生的激励教育,有着十分重要的现实意义。

第二,本书的研究能够为高校思想政治教育实践提供方法和思路。

思想政治教育是培养人逐渐成为全面发展的人的过程,而贯穿其间的激励教育有着难以估量的价值与作用。我们有足够的理由将思想政治教育当作激励人的过程,因为它是通过各种激励方法的运用来调动人们的积极性,促进其人格的发展成长。换言之,激励教育是从人的需要出发,运用一定的激励方法将思想政治教育从内化于心到外化于行,从被动接受到主动吸收,从思想自发到思想自觉,更好地开发个人巨大的潜能。因此,将激励教育运用到思想政治教育中,可以充实高校思想政治教育的人文内涵,提高思想政治教育的针对性和实效性,从而提升思想政治教育的质量。研究大学生激励教育常用的激励方法,验证哪些激励方法对大学生最有效,可为高校开展大学生激励教育提

---

① 潘永兴.激励教育的理论阐释与实践研究[D].长春:东北师范大学,2011:3.

供参考,也可为进一步深入研究大学生激励教育的规律奠定基础。通过质性访谈、个案调查、典型案例剖析,找出制约大学生激励教育有效性的问题及其原因,提出相应对策,可为高校思想政治教育者有效开展思想政治教育提供思路。

第二章　大学生激励教育概述

研究大学生激励教育,首先要从大学生激励教育的内涵入手。本章以思想政治教育为视角,解读了思想政治教育视域下的大学生激励教育内涵及特征,分析了大学生激励教育的功能和运行机制,并从国家、高校、个人三个维度探讨了大学生激励教育的价值。

第一节　大学生激励教育的内涵及特征

一、大学生激励教育的内涵

激励教育可以是多学科、多视角、多层次研究。本书是在思想政治教育视域下探讨大学生激励教育。思想政治教育是指在一定的阶级、政党、社会群体遵循人们思想品德形成发展规律,用一定的思想观念、政治观点、道德规范,对其成员施加有目的、有计划、有组织的影响,使他们形成符合一定社会、一定阶级所需要的思想品德的社会实践活动。[1]　就思想政治教育本身而言,它就具有激励的功能,有学者认为激励功能是思想政治教育最直接、最现实、最本质的功能,是具有"归属"意义的功能,激励功能对于思想政治教育来讲,既是手段又是目的,既是形式又是内容。[2]　思想政治教育的最终目的在于转化人的思想,调动人的积极性,引导人的正确行为,思想政治教育的过程是人的动机的激发过程,因此,思想政治教育具有重要的激励功能。[3]　可以这样认为,激励教

---

①　张耀灿,等.现代思想政治教育学[M].北京:人民出版社,2006:50—51.

②　申来津.思想政治教育的激励功能[J].理论月刊,2002(2):31.

③　杨芷英.思想政治教育心理学[M].北京:中国人民大学出版社,2014:73.

育与思想政治教育是相通的,激励教育正是体现了思想政治教育的激励功能,并为实现思想政治教育的目标而服务;而思想政治教育也为激励教育的开展提供了发展方向、理论指导和方法借鉴。

首先,思想政治教育的目标为大学生激励教育提供发展方向。思想政治教育目标,是教育者在一定时期内,开展各项思想政治教育工作,促使受教育者在思想品德、心理素质、人格及行为实践等方面达到预设的结果。思想政治教育工作的基本目标有三项,即培养社会主义思想品德、塑造社会主义理想人格和引导积极正确的行为实践。[①] 2017年,中共中央、国务院印发《关于加强和改进新形势下高校思想政治工作的意见》(以下简称《意见》)。《意见》强调,高校肩负着人才培养、科学研究、社会服务、文化传承创新、国际交流合作的重要使命。《意见》还明确指出,思想政治教育要为实现"两个一百年"奋斗目标、实现中华民族伟大复兴的中国梦,培养又红又专、德才兼备、全面发展的中国特色社会主义合格建设者和可靠接班人。[②] 大学生激励教育的目标是提高大学生的自我激励能力,通过激发大学生的动机,使其产生不断提升自我的强大动力,它侧重于提高大学生的心理素质。思想政治教育的目标为大学生激励教育的目标提出了更高的要求,那就是促进大学生综合素质的发展,培养又红又专、德才兼备、全面发展的中国特色社会主义合格建设者和可靠接班人。

其次,思想政治教育为大学生激励教育提供理论指导和方法借鉴。思想政治教育能为大学生激励教育提供理论指导。思想政治教育学科自20世纪80年代建立起来,已经取得了丰硕的成果,它是党的理论建设的一项重大成就。思想政治教育是以马克思主义理论为指导,并在坚持马克思主义中发展马克思主义,中国共产党在中国革命、社会主义建设的实践过程中,将马克思列宁主义同中国具体实际相结合,产生了一系列的理论成果,包括毛泽东思想、邓小平理论、"三个代表"重要思想、科学发展观、习近平新时代中国特色社会主义思想。这些理论成果内容丰富,经过实践的检验,能为当代大学生激励教育的开展提供科学的指导。同时,思想政治教育为大学生激励教育提供方

---

① 陈秉公.思想政治教育学原理[M].北京:高等教育出版社,2006:231.

② 中共中央、国务院.关于加强和改进新形势下高校思想政治工作的意见[EB/OL]. http://www.gov.cn/xinwen/2017-02/27/content_5182502.htm.

法借鉴。思想政治教育在发展过程中,形成了一套完整的方法体系:第一层次是哲学方法,它是认识事物共同规律的方法,包括辩证的方法、逻辑的方法;第二层次是通用的方法,是在一定范围内适用的;第三层次是具体的方法,是专门领域的专门方法,比如在思想政治教育领域中,形成了思想疏导法、自我教育法、典型教育法、心理咨询法等方法。这些方法是思想政治教育学原理的具体运用,可以用于大学生的激励教育中,充分发挥其激发教育对象的作用。

最后,思想政治教育为大学生激励教育拓展教育渠道。大学生思想政治教育的渠道广泛,其中最主要的途径是思想政治理论课教学。现有的思想政治理论课中包含着丰富的激励教育资源,如"思想道德修养与法律基础"讲授了如何让大学生树立科学的理想信念、培养社会主义核心价值观以及科学的人生态度,又如"近代史纲要"中包含了近现代革命先烈的英雄事迹,对广大学生起到榜样示范的作用。此外,丰富的第二课堂、党团活动以及校外各类实践活动,如每年的暑期"三下乡"活动、志愿者服务等,都为大学生提供了充分的激励教育实践平台;心理健康教育与心理咨询更是为激励教育提供了个性化、有针对性的实现途径。大学生激励教育通过思想政治教育的这些渠道得到了极大拓展。

就大学生激励教育的内涵而言,本书认为大学生激励教育是指教育工作者在高等教育目标的指导下,根据大学生的需求和身心特点,遵循一定的激励原则,运用适当的激励方法,激发受教育者的动机,从而调动大学生思想、道德、情感等各方面的积极性、主动性、创造性,使其成为德智体美劳全面发展的社会主义建设者和接班人。

思想政治教育中的激励教育不仅是一种方法,而且是一个整体系统,它既是一种教育理念,也是一种有效的教育方法和手段,贯穿整个思想政治教育过程。从大学生激励教育的内涵中我们可以看出:一方面,激励教育体现了教育的人本性,即教育者要尊重受教育者的需要和成长规律,也要遵循激励的一般规律,通过各种激励方式,发挥受教育者的潜能,促进人的全面发展;另一方面,它也体现了很强的目的性,即实施激励教育的目的是促进思想政治教育的目标实现。具体而言,激励教育对大学生思想政治教育的促进作用主要表现在两个方面。

一是基于激励的自身规律审视,科学的激励理念、激励手段都已有一定的研究基础和研究成果。激励是激发主体意识、个人潜能的有效手段,这在心理学中已经得到充分验证。如果在思想政治教育的实践中采取适当的激励教育,将原有的"灌输"理论和因势利导"因需激励"有效结合,则更容易直达人心,更能调动大学生学习和实践的积极性,增强大学生的行动力。因为根据激励的原理,需要是人产生行为的动机,而满足需要会激发人的动机,从而产生行为,激励教育正是突出了人的心理素质,并把教育目标首先指向改善人的内部动力系统,从受教育者的心理需要入手,注重学生心理素质的培养,满足学生的合理化需要,顺势而为,从而可以激发大学生的内驱力,达到一定的教育目标。

二是基于激励教育的实施效果分析,激励教育的方法具有多样性和可操作性,它主要是以正向积极的激励方法引导、激发受教育者的内在动力,最常用的形式是鼓励和肯定。在不同的场合,对于不同的学生群体,可以采用不同的激励方法。比如在课堂上,教师可以采用鼓励、肯定为主的正向激励;在第二课堂当中,思想政治教育工作者可以采用形式多样的竞赛活动,通过竞争激励的方式激发大学生的潜能,提高他们的综合素质;对于党员、学生干部,则可以用任务激励、信任激励给他们交任务、压担子,促进他们的进一步成长;而对于一些成绩优异、表现出色的学生,则可以用奖励来肯定他们所取得的成绩,这种奖励方式既可以是物质的,也可以是精神的,比如口头表扬、赞许等。西尔斯(D. Sears)在 1963 年经过研究发现,当教师热情鼓励的时候,学生更富有创造性。[①] 此外,激励教育还能够帮助大学生增强心理弹性。教育者在学生遇到问题和挫折时,引导学生对挫折和失败进行正确归因,使其对挫折和失败有正向的认识,调动学生的主观能动性,化消极被动为积极主动,化不利因素为有利因素,从而使其形成积极正面的行为。在这个过程中,激励教育能够增强大学生的自信心,提高其抗挫力。

---

① 皮连生.学与教的心理学[M].上海:华东师范大学出版社,2002:10.

二、大学生激励教育的特征

（一）主体性

激励是一种先进的管理理念和手段，激励教育就是将先进的激励理念运用到教育当中。从教育者和受教育者个体看，激励教育的主体性有两层含义。

其一，教育者的主体作用是指通过满足教育对象的积极需求，激发教育者的动机，通过外部激励手段，发挥教育主体的引导作用，此时的教育者扮演着唤醒者、发现者的角色，体现了一种平等的关系。美国有学者将师生关系分为两类：一类是控制型，一类是统合型。控制型是以命令、威胁、责罚为特征，在这种关系中，学生的主体精神难以得到发挥；统合型则以赞美、同意、协助为主要特征。新型的师生关系应该是一种合作关系，这样更有利于发挥学生的主体性。控制型的师生关系无视学生的尊严，忽视人的发展；而以尊重、兴趣、参与、和谐四要素为核心的激励教育，是统合型中高层次的师生关系。激励教育强调教师要尊重学生，这是激发学生主体精神的关键之所在。[①] 这也正如德国教育家第斯多惠所说，教育的艺术不在于传授的本领，而在于鼓励、唤醒、激励。[②]

其二，受教育者的主体作用是指通过被满足的需求而唤起内在的主体意识，将外部激励转化为内部激励，从而使受教育者自觉地朝着既定的目标前进。我国著名的教育家叶圣陶曾经提出"凡为教，目的在达到不需要教"[③]。在很大程度上，激励教育的直接目的是培养学生的主体精神，提高自我发展的能力。与此同时，受教育者主体性的发挥主要依靠自身的自我激励水平，受教育者自我激励水平的高低直接影响着激励教育结果的好坏。由此可见，激励教育充分体现了教育的双主体性。

（二）双向性

从教育者和受教育者的互动关系看，现代管理学认为，激励主体通过自我激励，主动去创造一种激励环境，去诱导激励客体进行自我激励；反过来，激励

---

①　李德善，张克杰. 激励教育的基本特征[J]. 天津教育，1995(9)：8—9.

②　第斯多惠. 德国教师培养指南[M]. 袁一安译. 北京：人民教育出版社，2001：177.

③　叶圣陶. 叶圣陶语文教育论集（下册）[M]. 北京：教育科学出版社，1980：720.

客体也通过自我激励,创造一种反激励环境,对激励主体进行反激励。① 同样,激励教育也是双向的,既有教育者对受教育者的激励作用,同时也有受教育者对教育者的反激励。当教育者成功地实施激励教育后,受教育者会表现出一定的进步行为,有些受教育者还会对教育者表达感谢、感恩之情,这些反激励又会进一步强化教育者的内在动机,从而也激发了教育者继续实施激励行为;而当教育者的激励教育没有起到效果时,这时形成的反激励可能会使教育者表现出失落感和无力感,从而也会在一定程度上挫伤教育者实施激励教育的积极性。

一般而言,激励教育的双向性以情感交流为纽带,在整个激励教育的心理行为过程中,情感始终贯彻全过程。有研究表明:在预期阶段,个体过去互励的情感体验会使得个体重新修正自己对对方的情感期待。在行为阶段,个体一般会将表现出的行为视为一种情感投入、情感付出,并期待从对方那里得到情感回报。在回报阶段,个体对回报进行认知评价,进而形成情感体验。② 在激励教育的互动过程中,教育者和受教育者之间相互激励,形成互励关系,这样不仅能激发学生的内在动力,还能激发教育者从事教育职业的内在动力,这也是激励教育的最高境界。

(三)系统性

从激励教育的整体来看,激励教育是理念、制度、方法手段的统一体。③ 激励理念起到指导激励教育开展的作用,科学的激励理念对激励教育起到促进作用,而错误的激励理念则会影响激励教育的实效性;在实施过程中,理念主要由方法具体体现,在激励教育中如何在适当的时机选择正确的方法是教育者必须注意的关键问题之一。此外,激励教育还需要有配套的激励制度作为保障。建立一套科学的制度体系,将外部的推动力量转化为大学生自我努力的动力,才能充分发挥他们的潜能,从而有效地激励学生成长成才,为激励教育提供强有力的机制保障。④ 如目前高校的奖助学金激励制度就对大学生激

① 俞文钊.现代激励理论与应用[M].大连:东北财经大学出版社,2014:257.
② 彭贺.人为激励研究[D].上海:复旦大学,2004:163.
③ 潘永兴.激励教育的理论阐释与实践研究[D].长春:东北师范大学,2011:31.
④ 郝文军.大学生思想政治教育激励机制的建设[J].思想政治教育研究,2008(12):94.

励教育起到保障的作用。真正有效的激励教育是一个完整的、良性的系统工程,这个工程的实现有赖于基础性内容的制度化、体系化,也需要教育者之间的协同配合,需要教育者的智慧和创新。

从横向上看,激励教育的主体涉及家庭、社会、学校、个人。家庭、社会、学校对大学生实施的激励教育属于外部激励,而大学生自身的激励是内部的自我激励,要实现激励的系统性,就要实现从外部激励到内部激励的转变,要激发大学生的内在动力系统,授之以渔,从而构建大学生的内在激励机制。

从纵向上看,激励教育面向的对象广泛,它涵盖幼儿园、小学、中学、大学各个时期的教育系统。其中,大学只是激励教育的一个阶段。中小学阶段的激励教育以激发受教育者的学习兴趣、增强学习动力为主要内容,它们为大学激励教育的进一步深化奠定了基础,对受教育者产生的激励效应也可以延伸到大学阶段。而大学阶段是受教育者步入社会的过渡期,是世界观、价值观和人生观形成的关键时期,此时大学生个体更注重未来职业的发展,因此大学阶段的激励教育要考虑其在整个教育系统中的位置。置身于更广阔的事业,大学生激励教育的内容更加宽泛,但更要注重引导大学生树立正确的世界观、价值观和人生观,引导其精神成人,为其成为社会人做好准备。从这个意义上说,大学阶段的激励教育是更高层次的激励教育。

第二节　大学生激励教育的功能

在大学生思想政治教育中,激励教育具有思想导向、行为驱动、习惯强化、潜能开发的功能,这四个方面相互联系,贯穿思想政治教育全过程。

一、思想导向功能

大学生激励教育具有思想导向功能。随着社会的变革,多元价值观念的冲击,大学生的思想观念和心理急剧变化,呈多样性和复杂性的特点。由此产生的过于自我导向、缺乏责任心、缺乏纪律性等问题在大学生群体中愈发普遍。激励教育在大学生思想政治教育中的导向功能是指,教育者采用一定的激励方法和手段,通过激励产生的作用,充分调动大学生的内在积极性,正确引导他们的行为,最终促进他们形成符合一定社会、一定阶级所需要的思想政治素养。概括地说,激励教育正是以激励为手段培养和塑造大学生的思想品德,它的导向功能主要体现在三个方面:一是理想信念导向,通过理想信念激励帮助大学生形成正确的理想信念并使其内化,进而入脑、入心,增强其历史使命感;二是目标导向,这主要是指激励教育使大学生的行为围绕思想政治教育设定的阶段性目标、中心任务,它是理想信念的具体体现;三是行为规范导向,主要是指教育者在社会道德、国家法律、学校法纪的准则框架内,根据阶段性目标激励对受教育者进行行为规范的导向。

二、行为驱动功能

在思想政治教育中,激励教育能够调动人的积极性,积极性往往表现为适度的情绪状态、一定的意志水平和部分的潜能挖掘,也就是激励是通过人的情绪唤起,提高人的意志力水平和挖掘人的潜能来实现激发动机、推动行为这一目的。[①] 由此可见,大学生激励教育具有行为驱动的功能。

大学生激励教育的行为驱动功能主要体现在:一是教育者设置合理的目标,通过外部物质或精神的激励手段,满足大学生的合理需求,唤起大学生积极的情绪状态,发挥教育者的主体引导作用;二是表现在大学生的主动性上。这里的主动性,一般被理解为个体由自身的需要、动机、理想、抱负、价值观等所驱动,按照自身设定的目标自主行动,而不依赖外力推动的行为品质。[②] 激励教育不但能激发学生的成就动机,调动学生树立远大的理想抱负,还能提高其意志力水平,增强其自主性、自律性,矫正其不良行为习惯,使其按照教育者所期望的正确轨道和方向奋进。因此,在激励教育中,教育者要充分尊重和提升学生的主体性,激发他们的内在动机,使其形成自我激励的意识,进而增强其主体意识,提高其自我发展的能力,不断激发大学生的行为驱动力。

三、习惯强化功能

大学生激励教育具有习惯强化的功能。强化是心理学术语,是指通过不

① 申来津.精神激励的权变理论[D].南京:南京师范大学,2002:28.
② 邱柏生.思想政治教育学新论[M].上海:复旦大学出版社,2012:192.

断改变环境的刺激因素来达到增强、减弱或消除某种行为的目的。在行为发生以后，立即用某种有吸引力的成果，即物质的或精神的鼓励来肯定这种行为，在这种刺激的作用下，个体感到对他有利，从而增强以后行为反应的频率，这就是正强化；而当某一不合要求的行为发生后，即以某种带有强制性和威胁性的结果，如批评、处罚等消除现有的令人愉快和令人满意的条件，以示对这种不合要求的行为的否定，从而达到减少消极行为或消除消极行为的目的。①大学生激励教育的习惯强化功能主要表现在以下几个方面：首先，在思想政治教育过程中，通过预设的激励教育奖惩机制，让学生明确思想政治教育的导向。如高校的评优评奖制度，通过设立各种荣誉称号、各类奖金奖品等物质和精神奖励的方式，引导学生按照强化的方向、标准和内容来调整自己的行为，激发学生的兴奋点。其次，激励教育通过对学生的良好行为予以表彰，起到正强化的功能，而对于个别扰乱课堂纪律、违反校纪校规的学生，则采取正面的思想引导为主，辅之以批评的教育方式，对确实产生严重后果的，给予其相应的惩罚措施，从而抑制不符合要求的行为，起到负强化的作用。当学生的表现有所好转时，学校撤销对学生的处分，使其遵守纪律的行为得到巩固。最后，通过激励教育的反复强化，学生将外部的激励逐渐转化为内部激励，将外部的驱动力转化为内驱力，从而提高自我激励的能力，养成良好的行为习惯。

四、潜能开发功能

大学生激励教育具有潜能开发的功能。美国心理学家威廉·詹姆斯曾假设：一个正常健康的人只运用了其能力的 10%。而心理学家玛格丽特·米德（Margaret Mead）认为不是 10%，而是更少的 6%。后来威廉·詹姆斯通过实地调查发现，没有受过激励的人仅能发挥其能力的 20%～30%，而当他通过激励充分调动积极性后，其能力可以发挥 80%～90%。由此可见一个人平常的工作能力水平与激发后可达到的能力水平存在着约 60% 的差距。② 然而，人的潜能不会自发地完全释放，而是要对其进行深度挖掘，这也就需要开展激励

① 孙成志，朱燕.组织行为学[M].大连：东北财经大学出版社，2010：75.
② 沈信民.学校激励管理论[M].重庆：重庆大学出版社，2011：60—61.

教育,针对学生的需求,激发学生的内在动机,不断提升学生的创造能力,不断挖掘其蕴藏的个人潜能。"教育最根本方面就是激发培养有创造力的文化生命的社会性主体的事物。"①而思想政治教育的开发功能,即最大限度地发挥人的主观能动性和发掘人的内在潜能,是新形势下思想政治教育功能的新发展。② 激励教育正是在尊重教育对象的特点、兴趣爱好的基础上开展的,它通过发挥潜能开发的功能,以各种激励方法来培养学生、塑造学生,促使学生全面发展。

第三节　大学生激励教育的基本要素及运行机制

激励教育何以在大学生思想政治教育中发挥作用?激励教育是如何增强大学生思想、道德、情感等各方面的积极性、主动性和创造性的?要回答这些问题就必须探索大学生激励教育的构成要素及运行机制。

一、大学生激励教育的基本要素

从系统学的观点看,在思想政治教育过程中,如果要让激励教育发挥作用,就必须使系统中的各要素相互联系和相互配合,并遵循其运动变化的规律。因此,首先要明确思想政治教育中的大学生激励教育的基本要素。

就思想政治教育的要素而言,张耀灿等认为其包括思想政治教育主体、思想政治教育客体、思想政治教育介体和思想政治教育环体等四个要素。③ 沈壮海认为,思想政治教育要素有思想政治教育者、思想政治教育对象、思想政治教育目的、思想政治教育内容、思想政治教育方法和思想政治教育情境等六个要素。④ 陈秉公则认为教育者、受教育者、教育环境等三个要素和媒介要素组成思想政治教育的基本要素。⑤ 总体而言,思想政治教育要素中离不开教育主

① 朱小蔓.创新教育的哲学思考[J].教育理论与实践,2000(3):19.
② 张耀灿,等.现代思想政治教育学[M].北京:人民出版社,2006:135.
③ 张耀灿,等.现代思想政治教育学[M].北京:人民出版社,2006:236-240.
④ 沈壮海.思想政治教育有效性研究[M].武汉:武汉大学出版社,2001:68-106.
⑤ 陈秉公.思想政治教育学原理[M].沈阳:辽宁人民出版社,2001:146.

体、教育客体、教育介体、教育环体这四个要素。

本书认为，大学生激励教育的要素，既要遵循思想政治教育的规律，同时也要根据激励发挥作用的要素来考量。申来津认为激励的要素包括激励主体、激励客体、激励目标、激励因素、激励环境。[①] 王易等认为激励的要素包括激励主体、激励客体、激励方式和激励环境。[②] 鉴于激励教育具有很强的目标指向性，激励目标成为必不可少的要素之一，因此，激励教育在运行过程中，激励目标、激励主体、激励客体、激励介体、激励环体是必不可少的五个基本要素。

激励教育目标是实施激励教育活动所期望达到的效果，它规定着激励的内容和发展方向，制约着整个激励教育过程。在思想政治教育框架中，大学生激励教育的目标是通过满足大学生各种正当的需要，激发大学生的成就动机，将他们的思想、道德、情感、行为引导到积极健康的发展轨道上来，引导他们树立正确的世界观、人生观、价值观，自觉地将个人利益与集体利益、国家利益结合起来，把个人理想与社会理想统一起来，成为社会主义事业的合格建设者和接班人。

激励主体主要指激励教育实施者。激励主体担负着组织开展大学生激励教育的任务。从狭义上看，思想政治教育框架下，大学生激励教育主体主要指思想政治教育工作者，包括专职学生工作者、思想政治理论课教师、心理咨询教师、班主任等。作为激励教育主体的思想政治工作者，其自身的思想道德修养、人格魅力会对大学生产生潜移默化的影响，从而产生示范的、无形的激励作用。从广义上看，激励主体具有多元性，包括高校所有师生以及社会、家庭中对大学生实施激励教育的个人、群体和组织。

激励客体是接受激励教育的对象，即大学生。当代大学生的价值观念、兴趣爱好、生活背景各异，在不同的时期，大学生也会表现出不同的需求，不同的大学生群体也会表现出不同的行为特点，因此开展激励教育时要因人而异。而当大学生自我激励时，此时激励教育的主体和客体是一致的，他既是激励的客体，也是激励的主体。

---

① 申来津.解读马克思主义激励观[J].马克思主义研究,2013(7).
② 王易,张莉.试论激励法在大学生思想政治教育中的运用[J].思想理论教育导刊,2010(7):79.

激励介体指激励主体采取的激励方式和方法。在开展大学生激励教育时，运用激励方法是其中的重要环节，它是激励教育理念在操作层面的具体体现。

激励的环体就是指激励的环境。激励的环境具有复杂性、变化性的特点，特别是网络环境具有虚拟性、自由性和多元性的特点，因此，如何在网络时代更好地开展激励教育是教育主体必须面对的课题之一。

二、大学生激励教育的运行机制

机制的概念来源于系统学，指的是系统内部各要素之间的相互联系、相互作用、相互制约。大学生激励教育的运行机制是指激励教育内部各要素相互作用的方式。在大学生激励教育的运行过程中，一是要有科学的激励理念、原则，这是大学生激励教育的理论基础；二是要根据激励教育的客观规律设置目标，运用一定的原则开展激励教育活动；三是要对激励教育活动的效果进行评估和反馈，并及时修正，以确保能够顺利实现激励教育的目标。由此，笔者认为大学生激励教育机制的实现主要经历了以下四个阶段。

第一阶段为导向阶段（目标、认知系统）。大学生激励教育具有导向性，其价值意义十分明确：激励的导向机制就是教育者从社会、组织的需求与大学生的个体需求出发，以正确的理想信念、科学的价值观为指引，将高等教育的目标和大学生发展的愿望有机结合，引导大学生树立正确的理想目标和价值追求。这是激励教育能够产生效果的认知前提。

第二阶段为操作阶段。这是大学生激励教育的关键环节，即激励主体根据一定的原则，运用各种激励方法，对大学生实施激励。在充分尊重大学生特点和合理需求的基础上，调动一切有利的激励因素，对大学生形成刺激，激发大学生的内在动机，使其朝着既定的目标发展。在这个过程中，激励主体与激励客体要形成一种良性互动，这种良性互动有利于他们之间的理解和沟通，也只有建立在良好互动的基础上，大学生才可能对激励主体传递的激励内容接受和认同，并由此进入下一个阶段。

第三阶段为内化阶段。内化是外部认识、情感和态度的移入过程，是大学生将外在激励主体的要求转化为自己内在的需要。激励教育能不能产生激励效果，关键是看激励主体实施的外部激励能否触及大学生的内心，获得激励客体大学生的认同。大学生激励教育中,将外部激励转化为大学生内在的自我激励是激励教育的直接目标,也就是激励教育产生效果的显现,这是因为自我激励是激励系统的"发动机",提供了个体行为最根本的动力。社会道德、价值准则、外部言语逐步内化为一种内部控制机制,最终个体从外部受控者转变为一个自我激励者。

第四阶段为反馈阶段,主要是激励者对产生的激励效果进行反馈、调控。激励效果是激励主体通过激励方式对激励对象所达到的结果。激励效果考察的主要是激励结果与激励目标的契合度。有效的激励是结果与目标的预期相一致,无效的激励是没有达到目标或者向相反的方向发展。激励客体是否表现出主动性、积极性、创造性,是衡量激励效果的客观标志。理想的激励应该是受激励者经过努力后所达到的结果正好符合激励者事先设置的目标要求,而这种结果的取得也正好满足了大学生自身及社会的需要。当取得理想的激励结果时,激励者给予大学生正向积极的强化,如物质或精神方面的奖励;反之,则进行调整。同时,在这个过程中,大学生也通过自我激励,创设一种反激励环境,对激励主体进行反激励,这是一个双向互动的激励过程。一个相对完整的激励教育周期,是以"引起需要"为始,以"满足需要"为终的,但满足需要只是一个周期的结束,并非大学生激励教育活动的终结。大学生激励教育四个阶段的运行机制如图 2-1 所示。

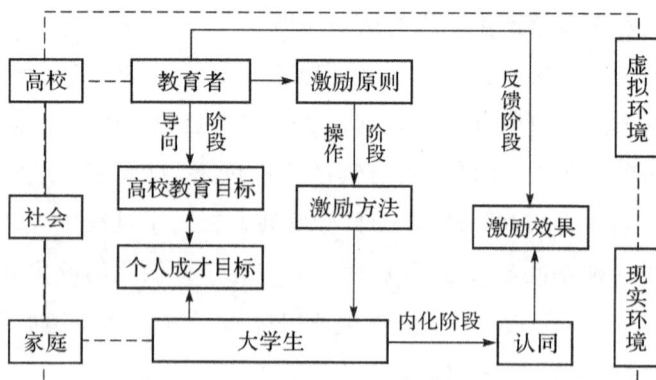

图 2-1　大学生激励教育运行机制

第四节　大学生激励教育的价值

我国大学生激励教育有着优良的传统,在大量的实践探索中积累了宝贵的经验,为今后更好地开展激励教育奠定了良好的基础。在当前复杂的环境下,激励教育充分体现出积极的价值,在社会发展、高校建设和个人成长中发挥着重要作用。

一、实现伟大复兴中国梦的需要

大学生激励教育是实现伟大复兴中国梦的需要。国家的社会主义现代化建设需要大量的创新型人才,而大学生激励教育是国家培养创新型人才的需要。客观事物总是由低级向高级不断变化发展的,人类社会亦如此。在漫长的人类社会发展演进过程中,创新是推动人类社会不断发展进步的巨大动力。根据这一规律要求,人们必须依据现实状况不断地创新创造,以促成新事物的生成。党的十九大报告中明确提出,从 2020 年到 2035 年,在全面建成小康社会的基础上,再奋斗 15 年,基本实现社会主义现代化。到那时,我国经济实力、科技实力将大幅跃升,跻身创新型国家前列。党的十九大报告指出,要加快建设创新型国家,"创新是引领发展的第一动力,是建设现代化经济体系的战略支撑",要"培养造就一大批具有国际水平的战略科技人才、科技领军人才、青年科技人才和高水平创新团队"。大学在国家的创新体系中居于十分重要的位置。多年来,大学为国家培养了一大批各个领域的创新型人才。但同时我们也应看到,与创新型国家对人才的实际需求相对照,与国外高水平大学相比较,我国的大学在培养人才的过程中,还是以以教师为中心的"传道、授业、解惑"为主,调动学生学习的主动性和创造性明显不足,在对学生思想品德、健全人格、创新能力、心理素质等方面的培养上还有一定的差距。建设创新型国家的战略目标对大学的人才培养质量提出了新的挑战。2017 年 9 月,中共中央办公厅、国务院办公厅印发的《关于深化教育体制机制改革的意见》提出了在培养学生基础知识和基本技能的过程中,"培养创新能力,激发学生好奇心、想象力和创新思维,养成创新人格,鼓励学生勇于探索、大胆尝试、创新创造"的要求。这些都要求我们加强大学生的激励教育,加强教师、学生之间的互动,通过运用各种激励因素,使学生由被动的知识接受者成为主动的知识探究者,不断增强大学生的创新意识和创造能力,积极推进大学人才培养模式的改革和创新。

大学生是实现中国梦的直接参与者,习近平多次强调为实现中华民族伟大复兴的中国梦而奋斗是中国青年运动的时代主题,广大的青年既是追梦者,也是圆梦人;同时,广大青年是全面建成小康社会的生力军和突击队。① 2014年 5 月 4 日,习近平在《青年人要自觉践行社会主义核心价值观》的讲话中明确指出:"现在在高校学习的大学生都是二十岁左右,到 2020 年全面建成小康社会时,很多人还不到三十岁;到本世纪中叶基本实现现代化时,很多人还不到六十岁。也就是说,实现'两个一百年'奋斗目标,你们和千千万万青年将全过程参与。"② 习近平强调青年最富有朝气,最富有梦想,是未来的领导者和建设者。他说中国始终重视、关怀、信任青年,并且会支持青年发展自身、奉献社会、造福人民,让他们能够在实现中国梦的历史进程中放飞青春梦想。③ 习近平曾指出,中国梦是国家的、民族的,也是每一个中国人的。国家好、民族好,大家才会好。只有每个人都为美好梦想而奋斗,才能汇聚起实现中国梦的磅礴力量。他提出:"中国梦是我们的,更是你们青年一代的。中华民族伟大复兴终将在广大青年的接力奋斗中变为现实。"④他还在全国思想政治工作会议上特别指出高校要用中国梦激扬青春梦,为学生点亮理想的灯、照亮前行的路,激励学生自觉把个人的理想追求融入国家和民族的事业中。

当代大学生是在历史发展交汇的社会转型时期、我国改革开放的环境中成长起来的,这一时期我国的经济建设在中国共产党领导下取得了举世瞩目

---

① 中共中央文献研究室.习近平关于青少年和共青团工作论述摘编[M].北京:中央文献出版社,2017:7.

② 中共中央文献研究室.习近平关于青少年和共青团工作论述摘编[M].北京:中央文献出版社,2017:15.

③ 中共中央文献研究室.习近平关于青少年和共青团工作论述摘编[M].北京:中央文献出版社,2017:7.

④ 中共中央文献研究室.习近平关于青少年和共青团工作论述摘编[M].北京:中央文献出版社,2017:14.

的成就,他们亲眼看见了,他们是改革的最大受益者。他们如果积极投身到中国梦的伟大事业中,无疑都会成为促进社会主义现代化建设的主力军。因此,广大青少年的行动力是否持久,前进的方向是否正确,都直接关乎"中国梦"能否实现。

然而精神文明建设却表现出与经济发展不平衡的矛盾。社会上的个人主义、功利主义、拜金主义以及一些非马克思主义的社会思潮影响了正处于人生观、世界观和价值观形成时期的大学生,导致了部分大学生的理想信念缺乏、价值观扭曲、生活态度消极。因此,加强大学生的激励教育,树立大学生正确的世界观、人生观、价值观,增强大学生的积极性、主动性和创造性显得至关重要,具有很强的现实意义,可以说提升大学生积极向上的驱动力的激励教育是社会发展的客观要求。

二、高校提升思想政治教育质量的需要

大学生激励教育是提升高校思想政治教育质量的需要。由于狭隘的实用主义、功利主义和就业压力的影响以及市场对人才需求结构的导向,当前思想政治教育工作总显得被动。思想政治教育容易蜕变为道德说教,学生对思想政治教育表面顺从而内心抵触的现象比较普遍。[①] 而从大学生需要出发的大学生激励教育能够增强思想政治教育的吸引力和亲和力。一是从激励教育的起点来看,教育者以大学生的需求为起点,利用有效的激励手段,有利于实现思想政治教育与大学生心理需求的协调发展,激发他们接受思想政治教育的自觉性,增强思想政治教育对大学生的吸引力和实效性。二是从过程来看,教育者通过有效激励,有利于促进教育者和大学生之间形成双向互动的情感连接,构建和谐的人际关系。三是从结果来看,激励教育的直接目的是培养大学生的自我激励意识,有效激励有助于激发大学生的内驱力,增强其自我激励能力,引导大学生自觉做出正确的行为,而教育者通过激励教育的成功实施,还可以获得受教育者的反激励,从而增强自身的职业满足感,形成良好的激励氛

---

① 林孟涛. 马克思主义人学理论及其当代实践——从育人的角度看[J]. 中国特色社会主义研究,2013(4):49.

围。因此,可以说激励教育的过程本身就是教育者与受教育者之间的一种良性互动,突出了"主体间性"的特点,这种互动有利于他们之间的理解和沟通,体现了激励教育具有双向性的特征。也只有建立在良好互动的基础上,大学生的兴趣点、关注点同激励教育的内容有机结合,增强大学生的可接受性,大学生才可能认同教育者所传递的激励内容,并达成内化于心、外化于行的效果。

三、大学生个人成长成才的需要

首先,大学生激励教育是实现大学生成才目标的需要。美国心理学家奥德弗的 ERG 发展需要提出了人有存在需要、关系需要和成长需要。[①] 其中,成长需求,即个人发掘自身潜能的需要,包括自尊与自我实现的需要;同时,根据麦克利兰的成就需要理论,在人的生存需要基本得到满足时,成就需要就成为最主要的需要之一。而激励教育正是通过激发大学生的成就动机,引导他们确定正确的目标和方向,激励他们通过自身的努力有所实现,在目标实现后激发出强烈的成就感,从而进一步增强自信心和上进心,如此形成一个有效的良性循环。在激励教育过程中,教育者运用目标激励、榜样激励等激励手段,引导学生树立正确的目标,适时利用大学生身边人、身边事这些他们看得见、摸得着的先进事迹作为激励因素,让他们处于一个积极向上的激励氛围中,可以有效地抵制不良风气的侵蚀,培养大学生良好的意志品质,帮助其形成科学的世界观、人生观和价值观。

其次,激励教育是实现大学生可持续性发展的需要。教育者通过激励教育,可以促进大学生自我激励能力的提升。所谓自我激励,主要是指个体主动地通过对自身的了解和认识,应用较为科学的方法,适时激发和鼓励自己的活动。自我激励是激励教育主客体一体化的状态,它实现了激励主体和激励客体的内在统一,是一种理想状态,也是激励的最高境界,因此也是最有效的激励。随着社会、经济的不断进步和发展,就业竞争的日趋激烈,自我激励的能

---

① 斯蒂芬·P.罗宾斯,蒂莫西·贾奇.组织行为学[M].孙健敏,王震,李原译.北京:中国人民大学出版社,2003:185.

力也显得日益重要,强大而持久的自我激励系统将越来越成为大学生今后走向社会、迈入职场、实现可持续职业发展的主要动力源。激励教育,正是教育者运用有效的激励措施和手段来唤起、激发、调动学生的积极性,并引导学生将其内化为一种内在的意识和动力,从而产生自觉的行为。这是一个量变到质变的过程,也是由外部激励转化内部激励,内部激励与外部激励相互作用,最终渐趋形成习惯性的、稳定的行为模式的过程,促进学生形成可持续发展的能力。

第三章　大学生激励教育的理论资源

要研究大学生激励教育,就要对大学生激励教育的理论基础进行探讨,这是研究大学生激励教育的逻辑起点。从马克思主义关于人的主观能动性以及人的需要论述的相关理解中,我们可以探求到激励教育的理论基础;从中国共产党的激励思想中,我们可以找到开展大学生激励教育的理论指导。而中国传统文化以及现代的相关理论中蕴含了丰富的激励教育思想,为大学生激励教育提供了参考;西方一系列的激励理论,又为大学生激励教育提供了借鉴。

第一节　大学生激励教育的指导思想

一、马克思主义人学中的激励思想

马克思主义科学理论是思想政治教育的指导思想和理论基础,也是激励教育的基本理论依据。马克思主义的基本理论中虽然没有专门对"激励"展开论述,但马克思主义关于人的能动性和人的需要学说,是激励教育重要的理论依据。马克思主义人学研究的是现实的人的存在、本质及其发展,而现实的人与人的存在既是马克思主义人学研究的逻辑起点,也是研究人的激励的起点。

（一）马克思主义关于人的能动性学说

首先,激励是人类特有的一种活动,激励的对象是现实生活中的人。激励的作用对象只能是人,对于动物而言,充其量只能称之为"刺激"。在马克思主义看来,人是有意识的存在物,"动物和自己的生命活动是直接同一的,动物不把自己同自己的生命活动区别开来,它就是自己的生命活动。人则使自己的生命活动本身变成自己的意志和意识的对象。他的生命活动是有意识的。

……有意识的生命活动把人同动物的生命活动直接区别开来"①。

马克思在《关于费尔巴哈的提纲》中指出:"人的本质不是单个人所固有的抽象物,在其现实性上,它是一切社会关系的总和。"②这里的人指的是现实的社会交往关系中的活生生的人。马克思不同于以往的哲学家那样谈论"抽象的人"或"想象的人",而是把人理解为实践的存在物,是具体的、历史的人,"可用纯粹经验的方法来确定"的"有生命的个人的存在"的"现实的、活生生的人",这个"现实的人"不同于"思辨抽象性的人"和"自然性的人",而是具有现实本性的人,具有自然属性和社会属性。因此,我们研究的激励是人类社会中的活动,研究的对象是现实生活中的人,人既是激励的主体,也是激励的客体。因此,激励时要把人放在特定的社会环境中审视,作为"现实的人",主体性是它的核心。

其次,人在劳动过程中是有目的性的,因而激励也必然指向一定的目标。人的社会实践活动总是为了实现一定的目标,马克思曾说:"劳动过程结束时得到的结果,在这个过程开始就已经在劳动者的表象中存在着,即已经观念地存在着。他不仅使自然物发生形式变化,同时他还在自然物中实现自己的目的,这个目的是他所知道的,是作为规律决定着他的活动的方式和方法的,他必须使他的意志服从这个目的。"③恩格斯也提出:"人离开动物越远,他们对自然界的影响就越带有经过事先思考的、有计划的、已事先知道的一定目标为取向的行为的特征。"④这说明,任何激励都带有目的性,有一定的目标指向性;同样,激励教育也有明确的目标导向性,教育者要善于利用激励的这种目标导向性引导受教育者,做到有的放矢。

最后,人的能动性是决定激励的可能性向现实性转化的关键所在。马克思主义认为,"外部世界对人的影响表现在人的头脑中,反映在人的头脑中,成为感觉、思想、动机、意志",而"一切动物的一切有计划的行动,都不能在地球上打下自己的意志的印记。这一点只有人才能做到。……一句话,动物仅利

---

① 马克思恩格斯文集(第1卷)[M].北京:人民出版社,2009:162.
② 马克思恩格斯文集(第1卷)[M].北京:人民出版社,2009:501.
③ 马克思恩格斯全集(第23卷)[M].北京:人民出版社,1972:202.
④ 马克思恩格斯选集(第4卷)[M].北京:人民出版社,1995:382.

用外部自然界,简单地通过自身的存在在自然界中引起变化;而人则通过他作出的改变来使自然界来为自己的目的服务,来支配自然界。这便是人同其他动物的最终的本质的差别,而造成这一本质差别的是劳动"。① 这表明意识来源于实践,而人们又通过意识的反作用改造世界。一般来说,行为受到思想的支配;反过来,行为的效果又影响到人们的思想。这也说明,教育者在实施激励的过程中,会对受教育者的意识产生影响,从而达成一定的行为结果,同时,这些行为也会进一步影响受教育者的思想。

马克思主义关于人的能动性学说给大学生激励教育的启示是:在大学生激励教育中,要"以人为本",要在特定的社会环境下,考量如何发挥大学生的主体性作用,激发大学生的内部驱动力,充分调动大学生的主观能动性。

（二）马克思主义关于人的需要学说

马克思主义关于人的需要学说的基本观点主要包括以下几个方面。

一是人的需要是人的本性,它是人的行为的原动力。马克思恩格斯从社会存在决定社会意识这一历史唯物主义的基本观点出发,对人的需要进行了阐述,他们指出"任何人如果不同时为了自己的某种需要和为了这种需要的器官做事,他就什么也不能做"②。其在《德意志意识形态》中也指出人的需要即人的本质。其在《在1844年经济学哲学手稿》中提出了全面发展的人"同时就是需要有人的生命表现的完整性的人,在这样的人的身上,他自己的实现作为内在的必然性、作为需要而存在"③。可以说,需要是人与生俱来的内在规定性和生命活动的外在表现。

二是人的需要具有社会历史性。人的需要是在社会中产生、发展和实现的,离开了现实的社会生活,人的任何需要都将失去意义。人的需要是随着社会的发展而逐步更替的,并且受到一定历史条件的制约,在不同的历史阶段,人的需要的对象、内容和水平都是不同的,因而它具有社会历史性。同样,当今时代在变化,激励教育的理念、内容和手段就应随着大学生需要的变化而发生改变。

① 马克思恩格斯选集(第4卷)[M].北京:人民出版社,1995:383.
② 马克思恩格斯全集(第3卷)[M].北京:人民出版社,2002:286.
③ 马克思恩格斯文集(第1卷)[M].北京:人民出版社,2009:194.

三是人的需要具有层次性。马克思主义指的"现实的历史的人"首先必须满足自己的各种需要,"在现实世界中,每个人都有许多需要"。① 这些需要包括生存需要、享受需要和发展需要三个层次。这三个层次由低到高:生存需要是人的最基本需要,即人对衣、食、住等生存资料的需要,它是人类社会生存和发展的物质前提,"为了生活,首先就需要吃喝住穿以及其他一些东西。因此第一个历史活动就是生产满足这些需要的资料,即生产物质生活本身"②。马克思指出:"已经得到满足的第一个需要本身,满足需要的活动和已经获得的为满足需要用的工具又引起新的需要。"③享受需要则是在生存需要基本上得到满足的条件下逐步发展起来的,它是人们追求高品质生活、提高生活质量的需要。发展需要在人的需要层次中居于最高层次,它是人们为求发展、完善自我、实现自我价值的需要,人们最终追求的理想和社会进步的意义旨在实现人自由而全面的发展。

马克思和恩格斯在《德意志意识形态》中,曾经多次提到"自我实现",这比马斯洛的自我实现理论早近100年的时间。两者的最大不同在于,马斯洛的自我实现强调的是个人的自我实现或自我潜能的发挥,而马克思的自我实现更多的是从社会的角度强调每一个人、全体、全面的自我实现和发展。马克思把人的需要的提升建立在历史发展的客观规律和无产阶级的革命实践上,认为随着共产主义社会的实现,每个人都将成为"自我实现"的人。

在大学生这个群体中很多人是具有"自我实现"特征的,他们观察力强,思维敏锐,具有高创造性,积极追求自己的理想和目标,属于比较典型的"自我实现人"代表。所以,在激励教育中,我们要善于发现大学生的需求,满足其合理的需求,同时也要根据"自我实现的主体人"来激发大学生的高层次需求,促使其德智体美全面发展,为社会做出更大的贡献。

二、中国共产党的激励思想

中国共产党在成立之初,就非常注重用马克思主义的理论和社会共同理

① 马克思恩格斯全集(第3卷)[M].北京:人民出版社,2002:326.
② 马克思恩格斯全集(第3卷)[M].北京:人民出版社,2002:31.
③ 马克思恩格斯全集(第3卷)[M].北京:人民出版社,2002:32.

想来激励、激发和带动人民群众投身革命,充分调动最广大人民群众的积极性、主动性和创造性。中国共产党根据不同时期的主次矛盾,在毛泽东、邓小平、江泽民、胡锦涛、习近平等几代领导人的带领下,确立了以人为本的激励理念,这个理念始终将人民群众的利益需求作为激励的出发点和落脚点,根据不同的激励内容,采取了各种行之有效的激励策略。概括起来,中国共产党的激励思想主要包括三个方面:坚持以马克思主义为指导;以满足人民的合理需求为起点;注重物质激励与精神激励相结合的方法,强调以精神激励为主。

(一)激励的理念:坚持以马克思主义为指导

中国共产党的激励理念是以马克思主义为指导的,这是因为中国共产党是以马克思主义为理论指导的无产阶级政党,崇高的理想信念始终是中国共产党人的政治灵魂。马克思主义作为科学真理,在于它的世界观和方法论是科学的。马克思主义是为人民群众谋利益,实现人类解放,是真正属于人民大众的科学理论。马克思主义更是开放的、与时俱进的理论体系。正如毛泽东同志所指出的:"我们说马克思主义是对的,绝不是因为马克思这个人是什么'先哲',而是因为他的理论,在我们的实践中,在我们的斗争中,证明了是对的。"[①]

其中,共产主义理想是人类最崇高的科学理想,是无产阶级的最终奋斗目标,是每一位中国共产党人的追求和根本动力。马克思认为,在共产主义社会,"一方面,任何一个人都不能把自己在生产劳动这个人类生存的自然条件中所应参加的部分推到别人身上;另一方面,生产劳动给每个人提供全面发展和表现自己全部的即体力和脑力能力的机会,这样,生产劳动不再是奴役人的手段,因此,生产劳动从一种负担变成一种快乐"[②],而且人完全具有主体性,"任何人都没有特定的活动范围,每个人都可以在任何部门发展,社会调节着整个生产,因而有可能随自己的心愿今天干这个事,明天干那个事,上午捕鱼,傍晚从事畜牧,晚饭后从事批判,但并不因此就说我成为一个猎人、渔夫、牧民或批判者"[③],马克思对共产主义社会的描绘为我们指明了激励的努力方向。

① 毛泽东选集(第1卷)[M].北京:人民出版社,1991:111.
② 马克思恩格斯全集(第2卷)[M].北京:人民出版社,1957:318.
③ 马克思恩格斯全集(第3卷)[M].北京:人民出版社,2002:37.

　　毛泽东带领着中国共产党人,在马克思主义信仰的激励下,在中国革命和社会主义建设事业中乘风破浪,夺取胜利,他认为"领导我们事业的核心力量是中国共产党。指导我们思想的理论基础是马克思列宁主义"①。邓小平也曾在《建设有中国特色的社会主义》中指出:"如果我们不是马克思主义者,没有对马克思主义的充分信仰,或者不是把马克思主义同中国自己的实际相结合,走自己的道路,中国革命就搞不成功,中国现在还会是四分五裂,没有独立,也没有统一。对马克思主义的信仰,是中国革命胜利的一种精神动力。"②他提到"为什么我们过去能够在非常困难的情况下奋斗出来,战胜千难万险使革命胜利呢? 就是因为我们有理想,有马克思主义信念,有共产主义信念"③,历史证明,无论遇到什么困难,我们党都一直有着强大的战斗力,这正是无数先辈对马克思主义崇高追求的结果。江泽民在纪念中国共产党成立 78 周年座谈会上的讲话中也指出:"我们共产党人的根本政治信仰是社会主义和共产主义,世界观是马克思主义的辩证唯物主义和历史唯物主义。这是任何时候都不能动摇的。"④胡锦涛在中国共产党成立 90 周年大会上的讲话中也提出,总结九十年的发展历程,我们党保持和发展马克思主义政党先进性的根本点是坚持解放思想、实事求是、与时俱进,以科学态度对待马克思主义,用发展着的马克思主义指导新的实践,坚持真理、修正错误,坚定不移走自己的路,始终保持党开拓前进的精神动力。⑤

　　习近平在纪念马克思诞辰 200 周年大会上的讲话中指出,马克思主义是科学的理论,创造性地揭示了人类社会发展规律;马克思主义是人民的理论,第一次创立了人民实现自身解放的思想体系;马克思主义是实践的理论,指引着人民改造世界的行动;马克思主义是不断发展的开放的理论,始终站在时代前沿。他认为,马克思主义为人民认识世界、改造世界提供了强大精神力量。⑥

　　马克思主义理论既是我们建构大学生激励教育理论的基础,是指导思想,

---

① 毛泽东文集(第 6 卷)[M].北京:人民出版社,1999:350.
② 邓小平文选(第 3 卷)[M].北京:人民出版社,1993:63.
③ 邓小平文选(第 3 卷)[M].北京:人民出版社,1993:110.
④ 国承彦.邓小平论共产党人的政治信仰[J].理论学刊,2000(4):38.
⑤ 胡锦涛文选(第 3 卷)[M].北京:人民出版社,2016:528.
⑥ 习近平.在纪念马克思诞辰 200 周年大会上的讲话[N].人民日报,2018-05-05.

同时马克思主义理论本身就是激励大学生奋发向前的信仰激励力量。

（二）激励的起点：满足人民的合理需求

在革命战争时期，毛泽东将农民作为激励的主要对象，以农民的利益需求为出发点，毛泽东尊重人民的物质需求，并把满足人的利益需要作为一种激励手段，他认为"一切空话都是无用的，必须给人民以看得见的物质利益"①。在《关心群众生活，注意工作方法》中，他又指出："要群众拿出他们全力放到战线上去吗？那么，就得和群众一起，就得去发动群众的积极性，就得关心群众的痛痒，就得真心实意地为群众谋利益，解决群众的生产和生活的问题，盐的问题，米的问题，房子的问题，衣的问题，生小孩子的问题，解决群众的一切问题。"②毛泽东在认清当时农民对土地的需求后，制定并实施了"耕者有其田"的土地政策，满足了人们的合理需求，充分体现了以人民为本的激励思想。

在中国改革开放的实践中，邓小平曾多次强调人民利益的重要性，将"人民拥护不拥护""人民赞成不赞成""人民高兴不高兴""人民答应不答应"作为中国共产党人制定方针、政策的出发点和落脚点。在全面推进党的建设时期，江泽民指出："全心全意为人民服务，立党为公，执政为民，是我们党同一切剥削阶级政党的根本区别。"③以胡锦涛为总书记的中国共产党人，提出了"以人为本"的科学发展观。这一时期，以"全面、协调、可持续"的发展理念，创新了激励的思想，明确了不仅以满足人来激励人，更要以发展人来激励人；通过各方面利益的协调来保护平衡状态。胡锦涛曾指出，"只有切实维护和实现社会公平和正义，人们的心情才能舒畅，各方面的社会关系才能协调，人们的积极性、主动性、创造性才能充分发挥出来"，并指出，"相信谁、依靠谁、为了谁，是否始终站在最广大人民的立场上，是区分唯物史观和唯心史观的分水岭，也是判断马克思主义政党的试金石"；④他还特别强调：发展为了人民，发展依靠人民，发展成果由人民共享。

① 毛泽东著作选读［M］.北京：人民出版社，1986：563.

② 毛泽东选集（第1卷）［M］.北京：人民出版社，2009：138－139.

③ 江泽民.论"三个代表"［M］.北京：中央文献出版社，2001：161.

④ 胡锦涛.高举中国特色社会主义伟大旗帜　为夺取全面建设小康社会新胜利而奋斗［N］.人民日报，2007-10-16.

习近平在党的十九大报告中指出,全党同志一定要永远与人民同呼吸、共命运、心连心,永远把人民群众对美好生活的向往作为奋斗目标,以永不懈怠的精神状态和一往无前的奋斗姿态,继续朝着实现中华民族伟大复兴的宏伟目标奋勇前进。报告充分彰显了鲜明的人民立场、坚定的责任担当、爱民为民的真挚情怀,令人鼓舞,催人奋进。习近平在省部级主要领导干部学习贯彻党的十八届五中全会精神专题研讨班上的讲话中提出,"要坚持人民主体地位,顺应人民群众对美好生活的向往,不断实现好、维护好、发展好最广大人民根本利益,做到发展为了人民、发展依靠人民、发展成果由人民共享";又指出"要全面调动人的积极性、主动性、创造性,为各行业各方面的劳动者、企业家、创新人才、各级干部创造发挥作用的舞台和环境"。[①]他提出把为人民创造出更好的教育、更稳定的工作、更满意的收入、更可靠的社会保障、更高水平的医疗卫生服务、更舒适的居住条件、更优美的环境这些人们对美好生活的向往作为中国共产党人的目标,从而更进一步明确了激励的出发点和落脚点,不仅是满足人民的物质需求,还有日益增长的精神需求。

(三)激励的方式:物质激励和精神激励同步,以精神激励为主

一方面,中国共产党注重物质激励,认为适当的物质激励是对人民群众实际利益的关怀,是对先进人物的应有利益的承认;另一方面,中国共产党又善于运用激励,特别是精神激励,激发人们的意志、动机和潜能,催人奋进,调动人的积极性、主动性、创造性。

在革命战争时期,毛泽东就十分重视物质激励,把土地分给农民,通过看得见摸得着的物质激励调动了广大农民的积极性。同时,毛泽东也非常重视精神激励,他曾在中共八届二中全会上中指出"人是要有一点精神的"[②]。他在红军长征中用豪迈的诗篇鼓舞同志们的斗志;他在长期的革命战争实践中,非常重视以宣传教育的方法,用政治工作去激发官兵最大的战斗热情,提高他们的阶级觉悟;他还高度重视情感的激励作用,尊重人,了解人,理解人,赞赏人,

---

① 习近平.在省部级主要领导干部学习贯彻党的十八届五中全会精神专题研讨班上的讲话[M].北京:人民出版社,2016:24—25.

② 毛泽东文集(第7卷)[M].北京:人民出版社,2009:162.

善用人,真诚和热情地鼓舞同志们为革命事业施展才华,做出贡献。① 毛泽东
对于榜样激励尤为注重,他亲自为张思德致悼词、为白求恩写赞文,号召广大
人民向模范学习。

在新中国成立初期,中国共产党以主人翁精神号召人民群众施展抱负,建
设新中国。十年全面建设社会主义时期,全国上下广泛开展学先进、树新风活
动,各条战线先后涌现出一批先进个人和先进集体,党的思想政治教育及时地
发现并总结他们的先进事迹,在全国大张旗鼓地进行宣传教育,号召全体党
员、干部和群众向他们学习,发扬共产主义精神,从而焕发出巨大的建设社会
主义的精神力量。典型的有:(1)毛泽东题词"向雷锋同志学习",掀起宣传学
习雷锋的热潮。雷锋的先进事迹本身体现了时代精神,反映了时代要求,因而
更加激发了人们的学习热情。(2)大力宣传学习焦裕禄的模范事迹。学习他
不为名、不为利,一心为革命,一心为人民,完全彻底地为人民服务的革命精
神;学习他大搞调查研究,坚持从群众中来到群众中去的领导方法。(3)大力
宣传学习"铁人"精神。王进喜的革命精神体现出中国工人阶级在困难面前的
英雄气概,反映了20世纪60年代中国工人阶级的精神风貌。学习铁人精神,
就是要学习他那种"早晚有一天,要让我国的石油流成河"的爱国主义精神;学
习他"石油工人一声吼,地球也要抖三抖""有条件要上,没有条件创造条件也
要上"的创业精神;学习他的"三老四严"(即对革命事业要当老实人、说老实
话、办老实事;对革命工作要有严格的要求、严密的组织、严谨的态度、严明的
纪律)的作风。② 这些先进人物可谓家喻户晓,对中国社会主义建设产生了重
要的激励作用。

邓小平根据唯物史观的物质利益原则,兼顾物质激励和精神激励,科学阐
述了物质利益与精神利益的辩证关系。首先,他认为物质激励是必要的,因为
"物质是精神文化的基础,老百姓有了物质保障的根底,精神风貌和文化需求
也会随之提升"③。其次,他重视精神激励,邓小平认为"物质鼓励是从旁辅助,

①　石凤妍,徐建栋.党的思想政治工作方法新论[M].天津:天津社会科学院出版社,2006:61—62.

②　张耀灿.中国共产党思想政治教育史论[M].北京:高等教育出版社,2006:244.

③　邓小平文选(第3卷)[M].北京:人民出版社,2001:90.

精神鼓励才是主要方面。颁发奖牌、奖状是这种精神荣誉,非常必要"①。他还指出:"不重视物质利益,对少数先进分子可以,对广大群众不行,一段时间可以,长期不行。革命精神是非常宝贵的,没有革命精神就没有革命行动。但是,革命是在物质利益的基础上产生的。如果只讲牺牲精神,不讲物质利益,那就是唯心论。"②他提出了"贫穷不是社会主义,共同富裕是社会主义的本质特征""允许一部分人先富起来"的观点,制定了"先富带动后富"的激励策略,"我们倡议先富起来的地区引领、帮扶和鼓舞其他地区也富起来,先富起来的民众激励、示范和支持其他民众"。③ 同时,他也强调精神激励的作用,他曾指出"革命精神是非常宝贵的,没有革命精神,就没有革命的行动"④。他认为我们党在长期革命斗争中形成了"五种革命精神"即"革命和拼搏精神,严守纪律和自我牺牲精神,大公无私和先人后己的精神,压倒一切敌人、战胜一切困难的精神,革命乐观主义、排除万难争取胜利的精神"⑤。他注重目标激励,作为中国特色社会主义的总设计师,提出了"三步走"的宏伟战略目标,指引了中国改革的方向,也激发了中国人民朝着这个目标奋斗的主动性、积极性和创造性。

江泽民也同样十分重视精神层面对人的激发作用,他在党的十五大报告中首次强调了文化对于人民的激励作用,指出"中国特色社会主义文化,是衡量综合国力的重要标准,是集结和激励全国人民的重要力量"⑥。在党的十七大报告中,胡锦涛又对先进文化的激励价值进行了概括,他认为"丰富精神文化生活越来越成为我国人民的热切愿望,要坚持社会主义先进文化前进方向,兴起社会主义文化建设新高潮,激发全民族文化创造活力,提高国家文化软实力,使人民基本文化权益得到更好保障,使社会文化生活更加丰富多彩,使人

① 邓小平文选(第3卷)[M].北京:人民出版社,2001:102－11.
② 邓小平文选(第2卷)[M].北京:人民出版社,1994:146.
③ 邓小平文选(第2卷)[M].北京:人民出版社,2001:111.
④ 邓小平文选(第2卷)[M].北京:人民出版社,1994:146.
⑤ 邓小平文选(第2卷)[M].北京:人民出版社,1994:368.
⑥ 江泽民文选(第2卷)[M].北京:人民出版社,2006:217.

民精神风貌更加昂扬向上"①。

党的十八大以来,习近平高度重视精神力量的激励作用,重视国家、社会、公民的核心价值观的凝聚作用。社会主义核心价值观以国家、社会、个人的价值满足为衡量价值和判断道德的标准,尊重了人民群众的主体地位,以人为本,关注人们的利益诉求,具有历史性、具体性和现实性。习近平认为:"核心价值观,承载着一个民族、一个国家的精神追求,体现着一个社会评判是非曲直的价值标准。"人民都有信仰,国家才有力量。无论是全面建成小康社会还是全面深化改革,都必须用全党全社会普遍认同的核心价值观来凝聚共识、凝聚力量。大力倡导和培育践行社会主义核心价值观,就是推进中国特色社会主义伟大事业、实现中华民族伟大复兴中国梦的"铸魂工程",是凝魂聚气、强基固本的"战略工程"。

同时,习近平也十分重视大学生的思想政治教育工作,并且注重对大学生的激励。党的十八大以来,以习近平同志为核心的党中央从实现中华民族伟大复兴中国梦的战略高度,从"四个全面"战略布局的认识高度,从高等教育事业发展"四为服务"的价值导向,站位于培养能够承担中华民族伟大复兴重任的建设者和接班人,把大学生思想政治教育工作放在突出位置,紧紧围绕立德树人这一根本任务,提出了一系列激发大学生积极性、主动性和创造性的新观点、新论断、新举措,习近平的相关论述是中国共产党思想政治教育工作同当代大学生思想政治教育相结合形成的最新理论成果,是运用马克思主义基本原理和思想政治教育理论,回应和解答新时代大学生激励教育工作的科学探索和理论创新,其中贯穿了马克思主义的立场、观点和方法,是习近平新时代中国特色社会主义思想的组成部分,更是加强大学生激励教育的指导思想。

激励人的积极性、主动性和创造性,最重要的是提高人的思想觉悟,树立正确的世界观、人生观和价值观,具有正确的理想和坚定的信念,这样就会在行动中产生毅力,并在工作、学习和社会生活中自觉为实现自己的理想而充分发挥积极性。② 因此,如何从"三观"上对大学生进行引导是激励教育的关键内

① 胡锦涛.高举中国特色社会主义伟大旗帜 为夺取全面建设小康社会新胜利而奋斗[M].北京:人民出版社,2007:33.

② 邱柏生,董雅华.思想政治教育学新论[M].上海:复旦大学出版社,2012:193.

容。习近平正是从树立科学的世界观、价值观、人生观的高度来引领大学生的青春梦、成才梦,激发大学生的社会责任感、培育社会主义核心价值观和形成艰苦奋斗的人生态度。

1.理想激励:以中国梦引领青春梦

坚定的理想信念是衡量大学生是否坚持用科学的理论武装头脑,是否坚持中国共产党领导的信念和坚持中国特色社会主义的重要标准。坚定的理想信念可以让大学生承担起中华民族伟大复兴的重任,也可以让大学生把自我成才与国家、民族的命运紧密结合起来。

2013 年 5 月 4 日,习近平在题为《在实现中国梦的生动实践中放飞青春梦想,在为人民利益的不懈奋斗中书写人生华章》的讲话中提出:"广大青年一定要坚定理想信念。'功崇惟志,业广惟勤。'理想指引人生方向,信念决定事业成败。没有理想信念,就会导致精神上'缺钙'。中国梦是全国各族人民的共同理想,也是青年一代应该牢固树立的远大理想。中国特色社会主义是我们党带领人民历经千辛万苦找到的实现中国梦的正确道路,也是广大青年应该牢固确立的人生信念。"①在党的十九大报告中又提到广大青年要坚定自身的理想信念,志存高远,脚踏实地,勇做时代的弄潮儿,在实现中国梦的生动实践中放飞青春梦想,在为人民利益的不懈奋斗中书写人生华章!②由此可见,习近平十分重视理想信念对大学生的激励作用,特别是注重用中国梦激发广大青年大学生的爱国之情、报国之志,号召大学生为实现中华民族伟大复兴的中国梦而奋斗。

因此,大学生的激励教育,首先要发挥中国梦的引领作用。在 2016 年 12月 7 日的全国高校思想政治工作会议上,习近平就希望高校教育工作者要激励学生自觉把个人的理想追求融入国家和民族的事业中。习近平指出,教育引导学生一个重要的任务就是用中国梦激扬青春梦,为学生点亮理想的灯、照亮前行的路。习近平要求向学生讲清楚实现中华民族伟大复兴是中华民族近

① 中共中央文献研究室.习近平关于青少年和共青团工作论述摘编[M].北京:中央文献出版社,2017:21.

② 习近平.决胜全面建成小康社会 夺取新时代中国特色社会主义伟大胜利——在中国共产党第十九次全国代表大会上的报告[M].北京:人民出版社,2017:70.

代以来最伟大的梦想,需要一代又一代人接续奋斗;讲清楚中国梦是国家的梦、民族的梦,也是每个中国人的梦,当代学生建功立业的舞台空前广阔,梦想成真的前景无限光明。他认为当代大学生正处于实现中国梦的关键时期,今天高校学生的人生黄金时期同"两个一百年"奋斗目标的实现完全吻合。当代大学生能够亲自参与这个伟大历史进程,实现几代中国人的夙愿,是人生之大幸。习近平的这些讲话深刻阐明了用中国梦激发大学生的历史责任感的重要性。

其次,要把中国梦的凝聚精神传递给大学生,让大学生在中国梦凝聚精神的感召下,形成巨大的向心力和凝聚力,为中国特色社会主义事业贡献力量,在实现中国梦的过程中实现个人的青春梦想。具体来说就是要引导大学生将个人梦自觉融入中国梦,激励大学生将个人的梦想牢牢地与国家的前途结合起来,让他们认识到人生价值的实现并不取决于物质财富的多少、地位的高低或是权力的大小,而在于高尚的德行、健全的人格以及强烈的社会责任感等;让他们意识到个人的青春梦想实现离不开国家的安全与稳定,也离不开国家发展所提供的平台和机会;而中国梦的实现,特别是中华民族伟大复兴的中国梦的实现,有赖于每个人最大限度地把自身的聪明才智和创造力发挥出来。

2. 价值观激励:以社会主义核心价值观为统领

习近平高度重视社会主义核心价值观对大学生的积极影响。2014 年五四青年节,习近平在《青年要自觉践行社会主义核心价值观——在北京大学师生座谈会上的讲话》中指出,每个时代都有每个时代的精神,每个时代都有每个时代的价值观念,他指出社会主义核心价值观传承着中国优秀传统文化的基因,寄托着近代以来中国人民上下求索、历经千辛万苦确立的理想和信念,也承载着我们每个人的美好愿景,同时他强调之所以要对青年讲社会主义核心价值观这个问题,是因为青年的价值取向决定了未来整个社会的价值取向,而青年又处在价值观形成和确立的时期,抓好这一时期的价值观养成十分重要,他还以形象的"扣子"做比喻,充分阐释了社会主义核心价值观在大学生成长成才中的重要性和紧迫性,他认为青年人的价值观就像穿衣服扣扣子一样,如果第一粒扣子扣错了,那么剩余的扣子都会扣错。因此他强调了人生的扣子

从一开始就要扣好。^①

高校开展大学生激励教育,要以培育和践行社会主义核心价值观为主要内容,坚持教育和实践一起抓,以教育引导实践,以实践深化教育。习近平曾指出,"一种价值观要真正发挥作用,必须融入社会生活,让人们在实践中感知它、领悟它","要建立和规范一些礼仪制度,组织开展形式多样的纪念庆典活动,传播主流价值,增强人们的认同感和归属感。要利用各种时机和场合,形成有利于培育和弘扬社会主义核心价值观的生活情景和社会氛围,使核心价值观的影响像空气一样无所不在、无时不有"。^② 因此,要激励大学生人人参与、时时参与核心价值观的践行,要创新激励教育实践的内容和形式,让大学生便于参与、乐于参与,积极培养大学生的爱国主义情怀,培养大学生的职业素养、敬业精神,养成诚信、友善等良好品质。

3.人生观激励:以艰苦奋斗精神塑造积极进取的人生观

梦想的实现要靠积极进取的人生目标指引,习近平在多个重要场合强调艰苦奋斗的人生态度在实现中国梦过程中的重要性。他主要从让大学生树立正确的劳动观、挫折观和奋斗观论述。

首先,习近平号召大学生要树立正确的劳动观。他强调青年人要通过勤奋、诚实、创造性的劳动创造未来。在同全国总工会新一届领导班子成员集体谈话时的讲话中,习近平就指出了要实现中国梦,最终是要靠全体人民辛勤劳动,天上不会掉馅饼的,他还提到特别要加强对广大青少年的教育,让他们从小就树立起辛勤劳动、诚实劳动、创造性劳动的观念,不要养成贪吃懒做、好逸恶劳、游手好闲、投机取巧、坐享其成等错误观念。^③ 习近平在同各界优秀青年代表座谈时,谆谆教导广大青年要牢记空谈误国、实干兴邦,立足本职、埋头苦干,从自身做起,从点滴做起,用勤劳的双手、一流的业绩成就属于自己的人生精彩。

---

① 中共中央文献研究室.习近平关于青少年和共青团工作论述摘编[M].北京:中央文献出版社,2017:39.

② 习近平.习近平谈治国理政[M].北京:外文出版社,2014:165.

③ 中共中央文献研究室.习近平关于青少年和共青团工作论述摘编[M].北京:中央文献出版社,2017:23—24.

其次,习近平希望大学生树立正确的挫折观。他强调在引导大学生将自身的成长成才目标与社会主义现代化建设的发展目标有机结合起来的前提下,将国家、人民寄予大学生的期望内化为谋求自身全面发展的动力,并突出大学生要在社会实践当中摆正对挫折困难的态度,他希望广大青年有克服困难的勇气。他时常勉励广大青年要不怕困难、攻坚克难,勇于到条件艰苦的基层、国家建设的一线、项目攻关的前沿,经受锻炼,增长才干。要勇于创业、敢闯敢干,努力在改革开放中闯新路、创新业,不断开辟事业发展新天地。[①] 习近平希望大学生树立在逆境中奋发图强的积极态度,他在 2017 年考察中国政法大学时,讲到青年在成长和奋斗中,会收获成功和喜悦,也会面临困难和压力,要正确对待一时的成败得失,处优而不养尊,受挫而不志短,使顺境逆境都成为人生的财富而不是人生的包袱。青年时期多经历一些摔打、挫折、考验,有利于走好一生的路。要历练宠辱不惊的心理素质,坚定百折不挠的进取意志,保持乐观向上的精神状态,变挫折为动力,用从挫折中吸取的教训启迪人生,使人生实现升华和超越。[②] 习近平关于面对挫折的论述展现了积极的人生观,这无疑会给广大学生带来力量与启发,并且能够进一步激发大学生战胜困难的勇气。

最后,习近平在 2014 年五四青年节的讲话中指出,成功的背后永远是艰辛努力。他鼓励青年要把艰苦环境作为磨炼自己的机遇,把小事当作大事干,一步一个脚印往前走。滴水可以穿石。只要坚忍不拔、百折不挠,成功就一定在前方等你。在 2018 年五四青年节前夕,习近平与北大师生座谈,希望广大学生要励志,立鸿鹄志,做奋斗者。他认为广大青年要培养奋斗精神,做到理想坚定,信念执着,不怕困难,勇于开拓,顽强拼搏,永不气馁。幸福都是奋斗出来的,奋斗本身就是一种幸福。他用毛泽东同志在延安庆贺模范青年大会上的一句"中国的青年运动有很好的革命传统,这个传统就是'永久奋斗'。我们共产党是继承这个传统的,现在传下来了,以后更要继续传下去"来勉励

---

① 中共中央文献研究室.习近平关于青少年和共青团工作论述摘编[M].北京:中央文献出版社,2017:48.

② 习近平在中国政法大学考察时的讲话[N],人民日报,2017-05-04.

每个青年都应该珍惜这个伟大时代,做新时代的奋斗者。^①

中国共产党的激励思想,体现了以人为本的理念,坚持以物质激励与精神激励相结合,并以精神激励为主的激励方式。在不同的历史阶段,中国共产党采取了形式多样的激励手段,有效地调动了人民群众的积极性,特别是习近平中国特色社会主义思想,为开展大学生激励教育提供了理论指导和实践示范。

第二节　大学生激励教育的理论借鉴

中国传统文化蕴含了丰富的激励思想,西方管理学、心理学等对激励有一系列的研究,这些都可以为我们开展大学生激励教育提供理论和实践的参考。

一、中国传统文化中的激励思想及其启示

在党的十九大报告中,习近平指出:"推动中华优秀传统文化创造性转化、创新性发展,继承革命文化,发展社会主义先进文化,不忘本来、吸收外来、面向未来,更好构筑中国精神、中国价值、中国力量,为人民提供精神指引。"中国传统文化源远流长,博大精深,它体现着中华民族不懈的精神追求,是中华民族独特的精神标志。习近平认为古人所说的"先天下之忧而忧,后天下之乐而乐"的政治抱负,"位卑未敢忘忧国""苟利国家生死以,岂因祸福避趋之"的报国情怀,"富贵不能淫,贫贱不能移,威武不能屈"的浩然正气,"人生自古谁无死,留取丹心照汗青""鞠躬尽瘁,死而后已"的献身精神等,都体现了中华民族的优秀传统文化和民族精神。^② 在中国传统文化中,有诸多的激励思想,也有较多行之有效的激励方法。

(一)不同学派的激励思想

中国传统的激励思想资源十分丰富,其中主要集中在儒家、法家和道家。儒家比较有代表性的是孔子的激励思想。"因材施教"的思想体现了激励学生要有针对性,因为学生的特点不同,不能一概而论。他提出的"见利思义"的激

---

① 习近平.在北京大学师生座谈会上的讲话[EB/OL].http://www.xinhuanet.com/2018-05/03/c_1122774230.htm.

② 习近平.习近平谈治国理政[M].北京:外文出版社,2014:405-406.

励观至今仍有借鉴意义。另一位代表人物是孟子,他的激励观强调人要经历各种磨难方能成才,担当大任。在《孟子·告子》中,他提出"天将降大任于斯人也,必先苦其心志,劳其筋骨,饿其体肤,空乏其身,行拂乱其所为,所以动心忍性,曾益其所不能",强调了磨砺意志在个人成才中的重要性。法家主张人性本恶的观点,比较有代表性的人物是荀子。他强调法治,但也不排除德治,他强调对待人们要采取道德教化,用后天的善道去改造先天的恶性。《荀子·性恶》中的"故必将有师法之化,礼义之道,然后出于辞让,合于文理,而归于治",指的就是要通过教育和激励,使人们改恶从善,从而调动人们的积极性,起到激励的作用。法家另一位代表人物韩非子明确提出"重刑少赏"的主张,他认为用刑罚牢牢控制人心,众必服从之。在法家看来,只有做到重刑少赏,才能保持社会稳定,实现国家富强。由此可见,法家采取的是将正激励与负激励相结合的激励思想。道家崇尚的是"道法自然"的朴素人性思想。《老子·八十章》中指出"五色令人目盲,五音令人耳聋,五味令人口爽",指的是追求过分的感官享受会导致感官受伤。道家强调的是通过社会环境的治理来控制人们的过度欲求。在激励问题上,道家主张要顺应自然本性,"道"是老子思想体系的最高概念。《老子·二十五章》中提到"人法地,地法天,天法道,道法自然",强调的是人应该效法天地,以"道"为准则,即要顺应包括自然、社会和自我人生在内的宇宙万物总法则、总秩序,反对采取强行的处罚手段。

(二)古代激励教育的方法

古代激励教育的方法主要有理想激励、榜样激励、情感激励、奖惩激励等。在激励途径上,重视教书育人,训教合一。古代教师的首要任务是传道育人,其次才是教授文化知识,由此形成了训教合一的做法。

在理想激励中,古代家庭非常注重对孩子的"立志"教育,"志"在此表示志向,是对于将来要做什么事,要做什么样的人的意图和决心。墨子曰:"志不强者智不达。"陆九渊则认为"患人无志耳"。一些有抱负、有才能的有志者就是从小在家庭"立志"教育的熏陶下,树立远大的理想,通过科举考试进入仕途,报效国家。"岳飞刺字"就是古代家庭教育中教子立志报国的典范。此外,古代家庭注重家风、家规、家训,注重家庭价值观的激励作用,提倡"修身齐家治国平天下"。比如《颜氏家训》就是家庭激励教育的典范。颜之推在《颜氏家训》中列举了许多古人勤学的例子："古人勤学、有握锥、投斧、照雪、聚萤、锄则带经,牧则编简,亦为勤笃。"中国古代也十分重视榜样激励。在长期的家庭教育实践中,古人积累了丰富的激励教育理念,如重视言传身教。大禹治水"三过家门而不入"、"烹彘成教"的故事、"身先士卒"等都说明了做好榜样和表率作用的重要意义。

中国古代封建社会注重用赏罚激励。赏罚激励是通过奖励和惩罚的手段来激励人。如唐太宗把赏罚提高到"国家大事"的高度,认为行使赏罚要慎之又慎,并提出:"国家大事,惟赏与罚。赏当其劳,无功者自退。罚当其罪,为恶者咸惧。则知赏罚不可轻行也。"[①]同时,古代还善用利益激励。孔子主张为政为民的思想,认为"君子喻于义,小人喻于利",即治理国事者必须懂得施恩于民,实行惠民政策。管子的功利观认为国家可以用"利"来激励人们的积极性,认为"欲来民者,先起其利,虽不召而民自至"(《管子·形势解》)。古代统治者为了维护统治地位,也注重采用一些有利于民生的举措来激励民众,如历史上著名的"文景之治""贞观之治"。

除此之外,我国古代思想家还提出了其他一些激励方法,比如目标激励,孙子指出"上下同欲者胜",将帅和士兵要确定同样的目标,心往一处想,劲往一处使,这样才能取得胜利;孙子对物质激励也很重视,指出赏赐率先杀敌,取得敌人战车的士兵。另外,古人有"头悬梁、锥刺股"这种经受磨难的自我激励方式。锥刺股出自《战国策·秦策一》:"(苏秦)读书欲睡,引锥自刺其股。"《太平御览》卷三百六十三引《汉书》:"孙敬字文宝,好学,晨夕不休,及至眠睡疲寝,以绳系头,悬屋梁。"这些都体现了古人自我激励的方法。

（三）古代激励教育的内容

古代激励教育的内容侧重于道德教化,主要表现在:一是古代在激励教育时把"国"和"家"联系在一起,以国家的兴亡为己任,"先天下之忧而忧",在对学生的思想教育中往往以为国家贡献聪明才智为个人最高的激励目标。二是重视环境在道德教育中的激励作用。如"近朱者赤,近墨者黑",还有"孟母三迁"的故事,都说明古人注重环境对人思想的影响。三是重视"修身为本",其

---

① 出自唐人吴兢的《贞观政要》,该书于 1978 年由上海古籍出版社整理出版。

理想人格是"圣贤""君子",表现出鲜明的目的性和针对性。中国古代历史上各个时期的教育家都主张学校以育人为中心,其他方面的教育都要服从和服务于为统治阶级培养接班人的需要。对受教育者来说,德育具有相对独立的素质要求,而且是作为人的首要的基本素质要求。

因此,在开展大学生激励教育时,要继承和发扬中国古代德育至上的激励教育思想,把"德育"放在激励教育的首位,激励教育不仅仅立足于学生个人发展的需要,而且也要立足于培养社会主义建设者和接班人的需要,激励教育的主要内容应该是激励学生形成科学的世界观、人生观和价值观,促进学生成长成才,最终把学生培养成社会有用之人。

二、西方的激励理论及其启示

"激励"问题一直是心理学、管理学、经济学、行为科学等学科研究的核心问题之一。20世纪以来,国外众多专家学者从多角度、多层面对激励问题进行了理论和实践研究,形成了各具特色的激励理论,给我们从事大学生激励教育以重要的启示。

(一)内容型激励理论及其启示

内容型激励理论主要从激励的起点出发,探求人的内在需求与结构,以及这些需求是如何推动人的行为。与本书相关的理论主要包括以下几种。

一是需要层次论。需要层次理论是内容型激励理论中最具代表性的。它是美国心理学家马斯洛(A. H. Maslow)在 1943 年出版的《人的动机理论》一书中提出的。他认为人的基本需要可归纳为五类:生理、安全、爱、尊重、自我实现。他认为这五种需要超越了不同的国家和社会形态,是人们的共同需要。

马斯洛认为,生理需要是人最基本的需要,是维持人生命的基础条件,因此在一切需要中,生理需要是优先的。但当这一需要被满足时,它就不再作为行为的动力;生理需要得到满足后,会产生安全需要,即个体追求自身安全、避免危险的需要,安全需要贯穿人的一生;爱的需要是指个人对爱、情感和归属的需要,人在生活中需要亲情,社交中需要获得友情、爱情;尊重需要是个体希望别人尊重自己,在团体中获得一定的地位和权力的需要,也表现为自我的自尊和自重,如果人的这种需要得不到满足,就会产生自卑、软弱、无能等感觉;

自我实现的需要是人的最高层次需要,它通过个体充分发挥自己的潜力,使潜能现实化,不断完善自己,是实现个人的聪明才智、理想抱负的需要。马斯洛认为需要各层次间有这样一些关系:这五种需要像阶梯一样从低到高,一个层次的需要相对地满足了,就会向高一层次的需要发展。这五种需要不可能完全满足,越到上层,满足的百分比愈低。在同一时期里,可能同时存在几种需要,因为人的行为是受多种需要支配的。但是,每一时期总有一种需要是占支配地位的。需要满足了就不再是一种激励力量。

马斯洛的需要层次理论有其科学性。首先,它作为一种激励理论,强调人的内部需求、思想意识、兴趣、价值等内在因素,批判了人的行为是外部刺激机械决定的行为主义理论,在一定程度上反映了人类心理活动和行为的共同规律。其次,马斯洛从人的需要出发研究人的行为,指明了激励研究的方向和内容。此外,它认为人的需要按不同情况而有所不同,这为针对性地实施激励教育提供了依据。但是在马斯洛的需求层次理论中,人的本质超越了社会历史,是抽象的"自然人",它是离开了社会条件、人的社会实践来考察人的需要及其结构,因此,有其局限性。

二是 ERG 理论。美国心理学家奥德弗在马斯洛需要层次理论的基础上,通过大量实验研究,于 1969 年提出人的最为核心的三种需要,即存在(Existence)、关系(Relation)和成长需求(Growth),又简称 ERG 理论。他改变了马斯洛"需要优先"的关系,提出了生存需要、关系需要和成长需求三种需要理论。生存需要包括生理的和安全的需要;关系需要是个体在组织中通过与他人之间的情感交流和相互关怀来满足自己的某些需要,包括对有意义的社会和人际关系的需要;成长需求指一个人发掘自身潜能的需要,包括自尊与自我实现的需要。发展的需要是最高层次的需要。ERG 理论用三种需要替代了马斯洛的五种需要,与马斯洛理论所不同的是,该理论认为多种需要可以同时并存,人在同一时间可能不止一种需要起作用;如果较高层次需要的满足受到抑制的话,那么人们对较低层次的需要的渴望会变得更加强烈,这些需要可以是出自本能的,但多数是后天形成的,是经过学习而获得的。该理论还认为,各种需要层次并不是刚性结构,比如说一个人的生存和相互关系需要尚未得到完全满足,他仍然可以为成长发展的需要工作,而且这三种需要可以同时起作用,三种需要之间没有明显的界线,它们是一个连续体而不是层次等级关系。①

以上这两种需要理论给我们的启发是:在开展激励教育的过程中,教育者要注意学生需求的多样性,当代大学生由于家庭背景、价值观、个性特征等因素,某种需求对于特定个体的重要程度或产生的驱动力是不同的,各个层次的需要得到的满足越少,则这种需要越会成为渴望,因此,要了解不同学生的需要,以及不同的阶段的中心性需求和非中心性需求,并且善于抓住当前大学生的主导需求,按需激励,满足他们的合理需求,提升其高层次的需求,这样才能起到事半功倍的激励效果。

三是成就需要理论。成就需要理论是美国哈佛大学心理学家麦克利兰于20世纪50年代提出的。他在《有成就的社会》(1961)和《激励经济成就》(与温特尔合作,1969)等著作中,系统阐述了成就需要理论。这一理论抛开了人的基本生理需要,主要研究了人在生理需要基本得到满足的前提下还有哪些需要。麦克利兰经过20多年的研究,认为人的三种较高层次需要分别为:权力需要、情感需要和成就需要。

这三种需要在人们需要结构中有主次之分,人们的主要需求满足后,往往需要更多更大的满足,也就是说拥有权力者更追求权力,拥有亲情者更追求亲情,而拥有成就者更追求成就。其中成就需要是其理论的核心概念,这是由于他认为成就需要的高低对人的成长和发展起到特别重要的作用。有成就需要的人,往往具有一种高度的内在动机,对成功具有强烈的要求,进取心强,把取得挑战性的成就视为人生最大的乐趣。成就需要理论的主要观点有:决定成就需要的因素有直接环境和个性两个因素;成就需要与社会经济发展关系密切,高成就需要的人对组织和国家都有重要的作用;成就需要可以通过教育培训获得;成就需要受组织经营管理状况的影响。根据这个理论,人们有不同的动机要求,麦克利兰将这定义为对驱动、确定和选择行为的目标状态的重新关注,不同的人对同一激励或某一特点的工作环境的氛围可能有不同的反应。②

———————————

　　① 斯蒂芬·P. 罗宾斯,蒂莫西·贾奇. 组织行为学[M]. 孙健敏,王震,李原译. 北京:中国人民大学出版社,2003:177.

　　② McClelland D. Human Movivation[M]. Glenview,IL:Scott Foresman,1985:183.

成就需要理论给我们的启示是,在激励教育中,教育者要善于运用学生的成就需要激发他们的成就动机,调动学生学习、工作的积极性。比如,要经常安排一些成就反馈,使被激励者了解自己的成功之处,从而进一步调动他们对成就的渴求,同时还要适时对他们取得的成就予以积极的回应,以便对他们的行为起到正强化的作用;要经常提供那些取得成就的榜样,激发大学生取得成功的愿望和行为;要把具有高成就需要的学生放在具有挑战性的岗位上,肯定他们的成就,鼓励他们多出成果。

(二)过程型激励理论及其启示

内容型激励理论试图了解是什么因素激励人们的活动,而过程型激励理论则更关注认知前提,重点研究激励的过程,即人的动机是怎么引发的,是什么内容给了它方向,是什么使它继续,以及一旦行为不当怎样使它消除。与本书相关的过程型激励理论主要有以下几种。

第一,期望理论。美国心理学家弗洛姆(Vroom)在《工作和激励》(1964)一书中提出了所谓"期望"。期望理论认为,人的固定要求决定了他的行为及行为方式。期望理论公式为:激励力量＝效价×期望。效价是指个人对他所从事的工作或所要达到的目标的估价,也可理解为激励对象对目标的价值看得有多大。具体而言,当个体认为努力会带来良好的绩效评价时,他就会受到激励而付出更大的努力,而良好的绩效评价又会带来组织奖励。同时,组织奖励又会满足组织成员的个人目标。效价和期望值的不同结合,会产生不同的激励力量,有以下几种情况:效价低,期望值也低,则激励力量最低;效价低,期望值高,则激励力量低;效价高,期望值低,则激励力量低;效价高,期望值也高,则激励力量高。如果效价和期望有一项不高,那对激励对象来说就缺乏激励力量。弗洛姆认为效价和期望相结合必然会激励"人们去采取某种行动"。[①]期望理论在某些方面超越了以需求为基础的激励理论,它引入了对激励的认知成分,人们会对自己努力应得的报酬进行预测;而且该理论认为激励不仅与个人有关,还与机会、奖励和工作环境有关。这对激励教育的启示是,要想在大学生中取得良好的激励效果,就要让教育对象树立目标,并充分了解目标的

---

① Vroom V. Work and Motivation[M]. New York:John Wiley,1964:71.

价值,提高他们的期望心理,要注意在激励过程中营造良好的激励氛围。

第二,目标理论。管理大师德鲁克首先在《管理的实践》一书中提出了目标管理,并重点放在各级管理人员中间。美国的管理学家兼心理学专家洛克(Edwin Locke)于1968年提出了目标设置理论,该理论主张为人的活动设置一定的目标,用来激发人行为的积极性。心理学的许多实验表明,漫不经心的练习是没有什么作用的,目标是一种刺激,合适的目标能够诱发人的动机,规定行为的方向。[①] 该理论认为目标激励的效果主要受以下三个因素的影响:一是目标难度。目标难度即目标要具有挑战性,必须经过努力才能实现。二是目标的明确性。目标的明确性即目标导向必须是具体的、可以测定的,如用数字来表明目标等。目标设置理论与期望理论最大的不同在于它提出目标时要力求做到具体明确,使人在不断地反馈中体验到成就感。三是目标的可接受性。只有当组织内个体接受了组织目标,并与个人目标协调起来时,目标才能发挥应有的激励功能。这种绩效是在目标导向行为和目标完成行为循环交替的运行中取得的。目标理论认为目标之所以能激励人们,是因为人们可以把目前的行为同要达到目标所要求的行为进行比较。如果以他们目前的工作状态达不到目标,人们就会感到不满,会更加努力工作以达到目标。事实上,目标理论已经被证明在90%的情况下,能够提高工作效率。[②]

目标理论给予我们的启示是一个人设定合理、可行的目标对于他的行动有指引和激励的作用。目标可以指长远的目标,也可以是短期的具体的目标。目标是理想的具体化,光有远大的理想而缺乏具体性,目标是难以实现的。因此,在激励教育中,教育者要引导受教育者制定科学、合理的目标。

第三,公平理论。公平理论是美国心理学家亚当斯(J. S. Adams)提出的。公平理论认为,人们总是要将自己所做的贡献和所得的报酬,与一个和自己条件相等的人所做的贡献与所得的报酬进行比较,如果这两者之间的比值相等,双方就都有公平感。具体而言,员工对报酬的满足程度是一个社会比较的过程;一个人对自己的工作报酬是否满足,不仅受到报酬的绝对值影响,也受到

---

① 俞文钊.现代激励理论与应用[M].大连:东北财经大学出版社,2014:156.

② Loke E. , Karyll S. , Lise S. , Gary L. Goal Setting and Task Performance:1960-1980[J]. Psychological Bulletin, 1981(90):125-152.

报酬的相对值影响；需要保持分配上的公平感，只有产生公平感时才会心情舒畅、努力工作，不公平会引起个体以及个体之间的紧张焦虑，特别是人们在产生不公平感时会阻碍其积极性的发挥，甚至放弃工作，破坏生产。[①]研究证明公平理论有广泛的应用价值，莫戴（Mowday，1993）认为公平理论可以用到组织的社会交换关系中，组织中上下级的关系也是一种相互影响的过程，换言之，公平理论提醒我们把工作中的交互作用看成一种博弈过程，在这个过程中交换是建立在各方满意的基础上的。[②]

公平理论给我们的启示是，在大学生激励教育中，无论是总结表彰的荣誉奖励，还是颁发奖金的物质奖励，都要营造公平、公正、公开的环境氛围，一旦出现不公平的现象，就会大大挫伤学生的积极性，失去激励效应。

（三）强化型激励理论及其启示

美国行为主义代表人物斯金纳在实验基础上提出了强化理论，主张通过不断地改变外界环境中的刺激条件，运用适当及时的奖惩手段，以实现培养、强化或减弱、消除人的某种行为的目的。该方法就是主张运用"奖励和惩罚"的外在激励因素来调节人们的行为习惯。斯金纳认为，教育就是在塑造行为。如何通过强化去塑造行为，斯金纳采用连续接近的方法，对趋向于所要塑造的反应方向不断地给予强化，直到引出所需要的新行为，他提出了两种行为塑造技术：一是链式塑造；二是逆向链式塑造。[③]

另一位行为主义学家桑代克认为，奖励能加强行为，惩罚则减弱行为，两者的作用似乎是对应的。新行为主义学家托尔曼的研究表明，在内驱力相同的情况下，某些目标物比另一些目标物使学习的速度更快，也就是说，属于强烈需求的目标物比不被十分强烈需求的目标物会导致更快的学习和更佳的表现。[④]后期的行为主义者从关注驱动和需求转向关注强化因素，并认为后者是建立和维持行为方式的主要机制。强化物可以指增强或是维持行为频率的任

---

①　Adams J. S. Inequity in Social Exchange. In Advances in Experimental Psychologyedited by Leonard Berkowitz[M]. New York：Academic Press，1965.

②　Mowday R. Steers R. ，Porter L. （eds.）. Movivation and Wor Behavior，5th[M]. New York：McGraw-Hill，1993：128.

③　张传燧，等. 解读行为主义教育思想[M]. 广州：广东教育出版社，2006：27.

④　张传燧，等. 行为主义教育思想[M]. 广州：广东教育出版社，2006：10.

何事,而强化物获得的条件取决于该行为的实施。

班杜拉提出了社会学习理论,该理论强调人类行为是个体与环境交互作用的结果,人们可以通过榜样替代反应和替代强化获得道德行为。班杜拉认为:"绝大部分的观察学习发生在日常生活中对他人行动偶然或有意的观察的基础之上。"①该理论认为外部的榜样可以作为人们的激励因素,班杜拉提出了六种不同形式的榜样示范:行动和言语的示范、象征性示范、抽象示范、参与示范、延迟示范、创造示范。

由此可见,行为主义强化理论下的激励,是通过外部不断的强化行为,使受激励者形成习惯性的条件反射,促使受教育者产生预期的行为习惯。此外,有研究表明,正面的强化方法的应用已被证明在各种各样的组织运行中是有效的。美国著名心理学家詹姆士也认为,人类本质中最殷切的需求是渴望被肯定。因此,在激励教育中要强化正向的激励,它是一种潜在力量,有利于满足学生渴望得到尊重和肯定的内在需要。鉴于此,本书研究的激励教育方法侧重于积极取向的正激励。

总之,西方的激励理论从不同的角度为大学生激励教育工作提供了丰富的理论借鉴,内容型激励理论的情感教化方法、过程型激励理论的引导教育方法、强化型激励理论的心理疏导方法为我们分析和解决现实中复杂的教育问题提供了一些基本的行之有效的方法和手段借鉴。② 因此,在开展大学生激励教育时,我们要善于运用这些科学的理念和方法,提升激励教育的实效性。

---

① 班杜拉.社会学习理论[M].郭占基,等译.长春:吉林教育出版社,1988:39.
② 郝文军.大学生思想政治教育激励机制的建设[J].思想政治教育研究,2008(12):94.

第四章　大学生激励教育的实证研究

　　激励教育是一项实践性很强的教育活动,要掌握当前大学生激励教育的基本情况,就要有调查分析。本书通过前期的文献研究、访谈和专家咨询,概括出信仰激励、目标激励、实践激励、情感激励、榜样激励和奖励激励是当前大学生激励教育的六个主要方法,基于这六个维度构想,设计了一套较为严密的大学生激励教育激励因素的调查问卷,为探求大学生激励教育的激励因素提供具有可操作性的测量工具。通过对浙江省部分高校的调查,运用SPSS的描述性统计、方差分析、相关分析等方法对浙江省大学生激励教育激励方法的有效性进行了研究,较客观地把握了浙江省大学生激励教育激励因素的效果情况,从而为高校更有效地开展大学生激励教育提供了现实依据和参考。

第一节　大学生激励教育的问卷编制

　　本书通过文献资料的查阅、初步维度构想以及问卷调查和访谈,采用探索性因素分析(EFA)的统计方法,进一步探索大学生激励教育的维度结构,以验证和修正大学生激励教育的维度构想,并在此基础上编制了大学生激励教育的正式问卷。

一、问卷维度的初步探索

　　在开展大学生激励教育中,运用何种激励方法是其中的关键因素,也是学者们研究的重点。本书的问卷调查就基于激励教育方法的实际效果。为了更全面地了解大学生激励教育各类方法的实施情况,在研究过程中主要采取了以下几个步骤。

一是利用专著、学术论文等相关文献资料，获得初步的材料，并对其进行整理、归纳，得出大学生激励教育方法的维度。二是邀请部分大学生思想政治教育工作者以及大学生进行结构性访谈，了解大学生激励教育中能够调动大学生积极性的激励因素以及教育者通常采用的激励方法，并对其进行分析、归纳、梳理，以进一步验证此前确定的维度，拟出问卷初稿。三是邀请专家对问卷初稿的内容进行进一步甄别，确定本研究的激励教育方法维度及具体内容，最后形成初测问卷。

（一）基于文献分析的理论构想

为了更好地开展大学生激励教育方法的研究，本书收集了与激励教育方法相关的文献资料，并对所有的相关资料进行了梳理和总结，具体如表 4-1 所示。

表 4-1　相关大学生激励教育方法的文献归纳

作者及发表年代	文献名称	激励方法
张克杰（1994）	激励教育的理论认识和实际操作	尊重激励、情感激励、榜样激励、荣誉激励、实践激励等①
申来津（2002）	精神激励的权变理论	信仰激励、道德激励、榜样激励②
韩云金，等（2003）	激励理论在学生思想政治工作中的应用研究	目标激励、情感激励、榜样激励、竞争激励、奖惩激励③
刘新庚（2006）	现代思想政治教育方法论	目标激励、榜样激励、情感激励、民主激励、竞争激励、荣誉激励等④
陈秉公（2006）	思想政治教育学原理	目标激励、情感激励、说理激励、管理激励、行为激励、榜样激励、竞赛奖励、惩罚激励、强化激励、关怀激励等，奖励是激励方法中最普遍的做法⑤

---

① 张克杰.激励教育的理论认识和实际操作[J].教育研究,1994(6):60—61.
② 申来津.精神激励的权变理论[D].南京:南京师范大学,2002:77—112.
③ 韩云金等.激励理论在学生思想政治工作中的应用研究[J].华南农业大学学报(社会科学版),2003(1):154—155.
④ 刘新庚.现代思想政治教育方法论[M].北京:人民出版社,2006:234—237.
⑤ 陈秉公.思想政治教育学原理[M].沈阳:辽宁人民出版社,2006:176.

续表

作者及发表年代	文献名称	激励方法
石凤妍,徐建栋(2006)	党的思想政治工作方法新论	目标激励、榜样激励、情感激励、奖励激励①
赵红星,苏俊霞(2006)	激励教育法的实施依据及方式	目标激励、情感激励、榜样激励、自我激励等②
何仕(2007)	论大学生的激励教育	理想激励、目标激励、情感激励、人格激励、榜样激励、成功激励、文化激励③
郝文军(2008)	大学生思想政治教育激励机制的建设	奖励激励,包括物质奖励和精神奖励④
安世遨(2008)	大学生激励管理:理论、原则与方法	思想教育激励、竞争激励、学生参与激励、成就与自我实现激励⑤
胡玲芝(2008)	情感激励在大学生教育管理中的应用	需要激励、认可激励、关心激励、宽容激励和榜样激励⑥
蒙秋明(2008)	激励理论在高校思想政治工作中的运用分析	情感激励、参与激励、荣誉激励⑦
赵志华(2008)	"以人为本"视域下的激励方法与思想政治教育	目标激励、情感激励、榜样激励、理想信仰激励⑧
李祖超(2008)	教育激励论	目标激励、信仰激励、典型激励、竞争激励、感情激励、挫折激励、荣誉激励等⑨
孙艳淮(2008)	激励理论在大学生教育管理中的应用	目标激励、奖惩激励、情感激励、竞争激励等⑩

① 石凤妍,徐建栋.党的思想政治工作方法新论[M].天津:天津社会科学院出版社,2006:61.
② 赵红星,苏俊霞.激励教育法的实施依据及方式[J].社会科学论坛,2006(5):170.
③ 何仕.论大学生的激励教育[J].福建工程学院学报,2007(4):173-174.
④ 郝文军.大学生思想政治教育激励机制的建设[J].思想政治教育研究,2008(12):94.
⑤ 安世遨.大学生激励管理:理论、原则与方法[J].高等教育研究,2008(6):37.
⑥ 胡玲芝.情感激励在大学生教育管理中的应用[J].福建工程学院学报,2008(4):71.
⑦ 蒙秋明.激励理论在高校思想政治工作中的运用分析[J].学校党建与思想教育,2008(3):7.
⑧ 赵志华."以人为本"视域下的激励方法与思想政治教育[J].河北学刊,2008(5):199-200.
⑨ 李祖超.教育激励论[M].北京:中国社会科学出版社,2008:95-115.
⑩ 孙艳淮.激励理论在大学生教育管理中的应用[J].中国青年研究,2008(11):101-102.

续表

作者及发表年代	文献名称	激励方法
王德勋（2009）	论激励理论在高校思想政治工作中的运用	目标激励、情感激励、参与激励、荣誉激励①
王易，张莉（2010）	试论激励法在大学生思想政治教育中的运用	目标激励、情感激励、榜样激励、竞争激励等②
王丽萍，袁云岗（2010）	激励理论与高校学生思想政治教育的路径和对策	目标激励、荣誉激励、情感激励、榜样激励、竞争激励③
刘红宁，廖东华，康胜利（2010）	高校多元化梯度激励新机制探索	班主任激励、朋辈激励、仪式激励、参与激励、自我激励、证书激励④
潘永兴（2011）	激励教育的理论阐释与实践研究	语言激励、目标激励、榜样激励、情感激励、环境激励、实践激励⑤
高凤香（2011）	德育激励理论及方法探讨	目标激励、肯定激励、暗示激励、竞争激励、情感激励⑥
任莉（2011）	高校学生激励机制的理性思考	奖励激励、竞争激励、榜样激励⑦
沈信民（2011）	学校激励管理论	情感激励、目标激励、活动激励、文化激励等⑧
林小星（2011）	大学生思想政治教育中的任务激励法简析	目标激励、需求激励、奖惩激励、期望激励、示范激励、情感激励⑨
邱柏生，董雅华（2012）	思想政治教育学新论	奖励激励、民主激励、目标激励、信任激励、关怀激励、强化激励、榜样激励、竞争激励等⑩

① 王德勋.论激励理论在高校思想政治工作中的运用[J].学校党建与思想教育,2009(1):43—44.
② 王易,张莉.试论激励法在大学生思想政治教育中的运用[J].思想理论教育导刊,2010(7):81.
③ 王丽萍,袁云岗.激励理论与高校学生思想政治教育的路径和对策[J].河北学刊,2010(4):228.
④ 刘红宁,廖东华,康胜利.高校多元化梯度激励新机制探索[J].思想教育研究,2010(11):80.
⑤ 潘永兴.激励教育的理论阐释与实践研究[D].长春:东北师范大学,2011:82—84.
⑥ 高凤香.德育激励理论及方法探讨[J].学校党建与思想教育,2011(5):52.
⑦ 任莉.高校学生激励机制的理性思考[J].学校党建与思想教育,2011(1):81.
⑧ 沈信民.学校激励管理论[M].重庆:重庆大学出版社,2011:192—193.
⑨ 林小星.大学生思想政治教育中的任务激励法简析[J].学校党建与思想教育,2011(8):90.
⑩ 邱柏生,董雅华.思想政治教育学新论[M].上海:复旦大学出版社,2012:196—197.

续表

作者及发表年代	文献名称	激励方法
蔡奇轩(2012)	浅析激励理论在高校学生管理中的运用	目标激励法、榜样激励法、物质利益激励法、荣誉激励法、思想教育激励法、信任关怀激励法、挑战性工作激励法①
冯帮,朱弟珍(2013)	教育激励理论再诠释	目标激励、榜样激励、情感激励②
杨芷英(2014)	思想政治教育心理学	政策激励、目标激励、榜样激励、强化激励、信任激励、成就激励等③
陈平,侯聪(2014)	大学生物质奖励与精神奖励互补激励机制浅析	物质奖励和精神奖励是两种主要的激励方法④

综合分析表 4.1 可以看到,对于激励教育的正负两种激励而言,学界更倾向于在激励教育中采取积极取向的正激励,甚至有专家提出激励教育法就是人们常说的鼓励法。⑤ 也有专家认为激励教育首先是一种正面的教育,它主要运用正强化的方式来巩固学生的正确行为,对学生的成绩及时进行表扬。⑥ 且根据美国行为主义学家斯金纳的研究,奖励比惩罚更为有效。他反对在教育中运用惩罚,主张强化期待的行为,对不符合要求的行为不予理睬,直至消退。⑦ 斯金纳认为,惩罚是对人们的行为制约效率最差的方法,因为它会产生一些负面效果(如怨恨、焦虑),而且它也不会有助于形成新的令人满意的行为。⑧ 鉴于此,本书认为惩罚虽然也是激励教育方法的一种,但只起到辅助性的作用,在大学生激励教育中要谨慎使用,一旦教育者的惩罚措施不到位,非但不能调动学生的积极性,反而可能会使学生产生逆反心理,甚至出现受挫的

① 蔡奇轩.试析激励理论在高校学生管理中的运用[J].江西社会科学,2012(3):248－249.
② 冯帮,朱弟珍.激励教育理论再诠释[J].湖南师范大学学报(社会科学版),2013(10):133.
③ 杨芷英.思想政治教育心理学[M].北京:中国人民大学出版社,2014:82.
④ 陈平,侯聪.大学生物质奖励与精神奖励互补激励机制浅析[J].长江大学学报(社科版),2012(3):153.
⑤ 刘新庚.现代思想政治教育方法论[M].北京:人民出版社,2006:233.
⑥ 潘永兴.激励教育的理论阐释与实践研究[D].长春:东北师范大学,2011:22.
⑦ 皮连生.学与教的心理学[M].上海:华东师范大学出版社,2002:212.
⑧ 罗伯特·B.登哈特,珍妮特·V.登哈特,玛丽亚·P.阿里斯蒂格塔.公共组织行为学[M].赵丽江译.北京:中国人民大学出版社,2007:178.

消极行为,因此本次研究并未将其列为大学生激励教育的主要方法当中。

结合文献资料,本书将理想激励、信仰激励等统称为信仰激励;将个体参与活动、竞赛的激励形式统称为实践激励;将信任、关怀、认可等积极情感的激励统称为情感激励。同时,从影响大学生行为的因素考量:一从内部因素看,由世界观决定的崇高理想、坚定的信仰能够激发大学生的积极性、主动性和创造性;科学而合理的目标能够调动个人的内在驱动力;大量的实践活动会促使大学生养成良好的行为习惯。二从外部因素看,他人的关心、关怀、肯定等积极情感,以及先进典型的榜样激励对受教育者有激发作用;而恰当的奖励则对受教育者的行为起到导向和强化的作用。由此,本书初步认为信仰激励、目标激励、实践激励、情感激励、榜样激励和奖励激励为当前大学生激励教育的主要方法。这六种激励方法的内涵如下。

信仰激励是指激励教育者用科学的信仰对大学生进行激励,这里主要指马克思主义信仰;目标激励是指激励教育者通过指导大学生设定切实可行的目标,促使大学生努力奋斗获得自己期望的结果;实践激励是指激励教育者引导大学生参与各类活动、比赛时所进行的激励;情感激励是指父母、师生、朋友等给予的鼓励和关心等积极的情感表达所起到的激励;榜样激励指的是激励教育者用先进典型人物,如社会成功人士、优秀学生代表和英雄模范人物的事迹对大学生所产生的激励;奖励激励指的是激励教育者利用物质奖励或精神奖励的方式对大学生进行激励。

(二)基于结构性访谈的初测问卷

为了进一步验证问卷维度的理论构想,2017 年 4 月至 9 月,笔者采用"典型个案抽样"方法进行抽样,对 20 名大学生及 10 名思想政治教育工作者进行访谈,主要了解大学生激励教育最主要的激励方法与最有效的激励因素。根据保密原则,所有人名都采用代码表示。

访谈之前,笔者先向受访者介绍此次访谈的主要目的,访谈过程中,在征求受访者同意的情况下,对访谈进行录音。访谈结束后,将访谈录音整理成文本进行编码,利用 ATLAS.ti 6.0 对整理后的文本做分析。文本分析的结果基本上验证了六个维度的构想。之后,笔者根据激励教育方法维度的理论构想,结合访谈内容的文本分析,设计了"大学生激励教育调查问卷"初稿,该问卷包括信仰激励、目标激励、实践激励、情感激励、榜样激励和奖励激励六个维度的 50 个题目。

此后，笔者采用"德尔菲"专家征询法将问卷初稿发给专家进行意见反馈，根据评价结果，对部分题目的表述进行了调整和删除，形成了本研究的初测问卷六个维度的 30 个题项。问卷采用李克特五级评分量表的方法。

二、初测问卷的结构验证

2017 年 10 月，笔者向浙江大学、浙江工业大学、浙江大学城市学院、浙江树人大学等 4 所不同高校发放问卷 750 份，回收有效问卷 611 份，回收率 81.5%。其中男生 287 人，占总人数的 47%，女生 316 人，占总人数的 53%。其中 265 人为一年级的学生，135 人为二年级的学生，97 人为三年级，114 人为四年级，样本构成合理。将这些被试的数据随机分成两份，一份用于对问卷题项的适用性和结构进行探索（样本 1 的样本量 n 为 300 份），一份用于对最终问卷的结构进行验证（样本 2 的样本量 n 为 311 份）。

（一）问卷的探索性因素分析

探索性因子分析首先要进行分析的适当性检验。检验因子分析的适当性最常用的方法有 KMO 检验和 Bartlett 球形检验。按照统计学家的建议，KMO 系数在 0.9 以上非常适合进行因子分析；在 0.80～0.90 比较适合因子分析，在 0.70～0.80 可以进行因子分析，在 0.60～0.70 一般，但在 0.60 以下则不合适作因子分析。根据表 4-2 显示，初测问卷的 KMO 值为 0.945，表明大学生激励教育的模型拟合度比较好，并且显著性为 0.000，表示该问卷下的因子有差异，非常适合做因子分析。

表 4-2　大学生激励教育调查问卷 KMO 检验和 Bartlett 球形检验（$n=300$）

取样足够度的 Kaiser-Meyer-Olkin 度量		0.945
Bartlett 球形检验	近似卡方	5645.901
	df	435
	p	0.000

由表 4-3 可知,激励教育调查问卷由六个维度组成,解释的总方差为 66.140%,且所有题项在所属维度上的载荷都大于 0.4,在其他维度上的载荷则很小,说明激励教育量表的结构效度较好。激励教育调查问卷的因素结构结果摘要见表 4-3。

表 4-3 大学生激励教育调查问卷的因素结构($n=300$)

题项	信仰激励	目标激励	实践激励	情感激励	榜样激励	奖励激励
Q5	0.608					
Q6	0.588					
Q7	0.778					
Q10	0.507					
Q20	0.518					
Q8		0.586				
Q12		0.538				
Q14		0.493				
Q15		0.484				
Q16		0.708				
Q1			0.712			
Q2			0.597			
Q17			0.631			
Q19			0.470			
Q21			0.583			
Q3				0.745		
Q23				0.678		
Q24				0.717		
Q28				0.613		
Q29				0.478		
Q4					0.668	
Q9					0.500	
Q18					0.586	

题项	信仰激励	目标激励	实践激励	情感激励	榜样激励	奖励激励
Q25					0.513	
Q27					0.695	
Q11						0.594
Q13						0.671
Q22						0.755
Q26						0.715
Q30						0.599
特征值	5.440	4.952	3.529	2.261	1.907	1.753
解释率(%)	18.134	16.508	11.762	7.536	6.356	5.844
总解释率(%)	18.134	34.641	46.403	53.940	60.296	66.140

(二)问卷的信效度分析

1.信度分析

对问卷的每个维度的信效度进行分析,首先计算 Cronbach 的 α 内部一致性系数,如 α 信度系数得分高,说明维度下题项同属一个维度、一致性程度高。从表 4-4 中可以看出,六个维度的信度以及总量表的信度都在 0.7 以上,说明整份问卷的信度较好,作为大学生激励教育的测量工具是比较稳定可信。

表 4-4　大学生激励教育调查问卷的 Cronbach α 系数($n=311$)

构念	信仰激励	目标激励	实践激励	情感激励	榜样激励	奖励激励	总问卷
内项数	5	5	5	5	5	5	30
α 系数	0.802	0.809	0.763	0.835	0.759	0.826	0.944

2.效度分析

验证性因素分析中常用的拟合度指标及其标准包括 GFI>0.9、AGFI>0.9、NFI>0.9、RMR<0.05、RMSEA<0.05 等,由表 4-5 可知,大学生激励教育问卷理论模型的拟合指标都达到了标准,表明这个模型是可以接受的。

表 4-5　大学生激励教育调查问卷理论模型的拟合指标($n=311$)

指标	GFI	RMR	AGFI	NFI	RMSEA
取值	0.912	0.041	0.908	0.917	0.039

（三）问卷结果的讨论和总结

本书在探索过程中，结合激励教育的相关理论研究，采用开放式问卷调查的方式探讨大学生对激励教育的理解，这在一定程度上能够保证激励教育问卷结构的科学性与完整性。

此外，本书在验证性因子分析时发现，探索性因子分析获得的六个因子结构模型的拟合指数良好，且问卷各因子间的相关适中，各因子与总问卷间有较高的相关，表明问卷具有较好的结构效度；信度检验结果显示，问卷具有良好的内部一致性信度与重测信度。综上所述，本书所编制的大学生激励教育问卷的因子结构清晰，信效度良好，由六个维度构成，总共有 30 道选项，适用于评估大学生激励教育效果。

第二节　大学生激励教育的问卷调查分析

一、问卷调查的实施

本书通过对浙江省不同类型的部分高校（浙江大学、浙江工业大学、浙江农林大学、杭州师范大学、浙江大学城市学院、浙江树人大学、浙江旅游职业技术学院、浙江交通职业技术学院等八所高校）共 700 多名学生的调查，具体考察大学生的性别、专业、干部经历、政治面貌、家庭背景等对大学生激励教育效果带来的影响，为针对性开展激励教育提供数据支持。研究方法是采用具有良好信效度的大学生激励教育调查问卷对浙江省高校大学生进行施测。

2017 年 11 月，笔者在浙江省 8 所高校中发放 800 份问卷，回收 705 份，回收率 88.1%。所收问卷全部有效，有效问卷率 100%。此次调查的大学生样本分布如下：

其中，受调查的男生 313 人，占 44.40%，女生 392 人，占 55.60%；一年级

225 人,占 31.91％,二年级 224 人,占 31.77％,三年级 125 人,占 17.73％,四年级 131 人,占 18.58％;文科 348 人,占 49.36％,理科 357 人,占 50.64％;学生干部 335 人,占 47.52％,非学生干部 370 人,占 52.48％;独生子女 323 人,占 45.82％,非独生子女 382 人,占 54.18％;助学贷款 323 人,占 8.94％;党员(包括正式党员和预备党员)156 人,占 22.13％,团员 528 人,占 74.89％,群众 21 人,占 2.98％;重点高中 356 人,占 50.50％,普通高中 349 人,占 49.50％。

从性别上来看,男女比例较为均衡;从专业分布上看,分布均衡;从年级分布上看,大一、大二学生略多;从大学类型的分布来看,独立学院、高职高专人数相对较少;从是否为学生干部的情况来看,非学生干部的人数多于学生干部人数;从政治面貌来看,团员人数最多;独生子女与非独生子女情况、重点高中与普通高中的数量均衡;有助学贷款的贫困生较少,这与浙江省总体经济情况较好有直接关系。通过描述性统计,样本构成较为科学。

二、问卷调查的结果

(一)总体情况

1. 不同维度的激励效果比较

从表 4-6 可知,六个维度的激励效果从高到低依次是情感激励＞奖励激励＞目标激励＞信仰激励＞实践激励＞榜样激励。即情感激励对大学生的激励效果最好,奖励激励、目标激励次之,是较强激励因素;信仰激励、实践激励相对较弱;榜样激励的效果在六种激励教育中最弱。

表 4-6　大学生激励教育问卷不同维度的激励效果比较

激励方式	n	最小值	最大值	平均数	标准差
信仰激励	705	1	5	3.7753	0.69741
目标激励	705	1	5	3.7895	0.66105
实践激励	705	1	5	3.6434	0.6387
情感激励	705	1	5	3.9160	0.63915
榜样激励	705	1	5	3.5835	0.65908
奖励激励	705	1	5	3.8037	0.68601

2.不同要素之间的差异性分析

根据独立方差 T 检验和单因素 ANOVA 等分析比较,得出浙江省大学生的年级、是否独生子女、生源地、就读中学、有无助学贷款等因素对大学生的激励教育的效果没有显著差异,但性别、专业、学生干部经历、政治面貌、大学类型等有明显的差异。

其一,性别的差异性。T 检验结果表明,男、女生在榜样激励($t=2.348$, $df=703$, $p<0.05$)上有显著差异,在其他维度及总均分上无显著差异。榜样激励对于男生的激励效果要高于女生,笔者认为受传统观念影响,在当今社会,人们对男性的期望普遍较高,男性承担的压力较大,他们希望自己在事业上有所作为,因此男生更容易将一些社会成功人士作为榜样来激发自身的动力。具体参见表 4-7。

表 4-7　大学生激励教育问卷不同性别的激励效果差异性(男 $n=313$,女 $n=392$)

检验变量	性别	均值	标准差
信仰激励	男	3.82	0.75
	女	3.74	0.65
目标激励	男	3.81	0.71
	女	3.78	0.62
实践激励	男	3.67	0.69
	女	3.62	0.60
情感激励	男	3.90	0.68
	女	3.93	0.61
榜样激励	男	3.65	0.69
	女	3.53	0.63
奖励激励	男	3.78	0.72
	女	3.82	0.66
总均分	男	4	0.64
	女	3.95	0.56

其二,专业的差异性。不同专业对不同激励因素的效果差异显著。其中,在信仰激励维度上两者差异显著,$t=-3.996$,$df=703$,$p<0.05$,理科($M=3.88$,$SD=0.70$)的信仰激励效果显著高于文科($M=3.67$,$SD=0.68$);在目标激励维度上差异显著,$t=-3.884$,$df=703$,$p<0.05$,理科生($M=3.88$,$SD=0.65$)的目标激励效果显著高于文科生($M=3.69$,$SD=0.66$);在实践激励维度上差异显著,$t=-3.532$,$df=703$,$p<0.05$,理科生($M=3.73$,$SD=0.64$)的实践激励效果显著高于文科生($M=3.56$,$SD=0.63$);在情感激励维度上差异显著,$t=-2.792$,$df=703$,$p<0.05$,理科生($M=3.98$,$SD=0.63$)的情感激励效果显著高于文科生($M=3.85$,$SD=0.64$);在榜样激励维度上差异显著,$t=-4.076$,$df=703$,$p<0.05$,理科生($M=3.68$,$SD=0.67$)显著高于文科生($M=3.48$,$SD=0.64$);在奖励激励维度上差异显著,$t=-2.678$,$df=703$,$p<0.05$,理科生($M=3.87$,$SD=0.69$)显著高于文科生($M=3.73$,$SD=0.68$);在总均分上的差异显著,$t=-3.902$,$df=703$,$p<0.05$,理科生($M=3.88$,$SD=0.70$)显著高于文科生($M=3.67$,$SD=0.68$)。详见表4-8。

由此可知,对理科生的激励教育效果普遍高于文科生。换言之,理科学生更容易受到激励。笔者认为,一般而言,理科生思维方式比较理性,思考问题时逻辑性较强,且理科生多采取实验、实训等学习方法,动手能力强,具有一定的问题意识和目标导向,因而接受激励教育时更容易被激发,形成积极的行动力。

表 4-8　大学生激励教育问卷不同专业的激励效果差异性(文科 $n=348$,理科 $n=357$)

检验变量	专业	均值	标准差
信仰激励	文科	3.67	0.68
	理科	3.88	0.70
目标激励	文科	3.69	0.66
	理科	3.88	0.65
实践激励	文科	3.56	0.63
	理科	3.73	0.64

续表

检验变量	专业	均值	标准差
情感激励	文科	3.85	0.64
	理科	3.98	0.63
榜样激励	文科	3.48	0.64
	理科	3.68	0.67
奖励激励	文科	3.73	0.68
	理科	3.87	0.69
总均分	文科	3.67	0.68
	理科	3.88	0.70

其三,政治面貌的差异性。不同政治面貌的学生在信仰激励维度上差异显著,$F=9.611$,$df=2$,$p<0.05$,党员($M=3.96$,$SD=0.65$)明显高于团员($M=3.74$,$SD=0.70$),也明显高于群众($M=3.40$,$SD=0.74$);在实践激励维度上差异显著,$F=4.065$,$df=2$,$p<0.05$,党员($M=3.70$,$SD=0.60$)明显高于群众($M=3.28$,$SD=0.83$);在奖励激励维度上差异显著,$F=3.381$,$df=2$,$p<0.05$,党员($M=3.88$,$SD=0.64$)明显高于群众($M=3.48$,$SD=0.83$);在总均分上的差异显著,$F=3.605$,$df=2$,$p<0.05$,党员($M=3.96$,$SD=0.65$)明显高于群众($M=3.40$,$SD=0.74$)。详见表4-9。

笔者认为造成差异的原因主要是党员是大学生中的优秀分子,具有先进性和代表性,思想上积极上进,具有较高的自尊水平。此外,大学生党员都受过党性教育,有一定的政治觉悟,他们学习上比较自觉,工作上比较主动,自我激励的能力较强,因此激励教育对其更容易产生良好的效果。

表4-9　大学生激励教育问卷不同政治面貌的激励效果差异性
（党员 $n=156$,团员 $n=528$,群众 $n=21$）

检验变量	政治面貌	均值	标准差
信仰激励	党员	3.96	0.65
	团员	3.74	0.70
	群众	3.40	0.74

续表

检验变量	政治面貌	均值	标准差
目标激励	党员	3.85	0.62
	团员	3.78	0.67
	群众	3.52	0.78
实践激励	党员	3.70	0.60
	团员	3.64	0.64
	群众	3.28	0.83
情感激励	党员	3.95	0.64
	团员	3.91	0.64
	群众	3.83	0.58
榜样激励	党员	3.64	0.64
	团员	3.58	0.66
	群众	3.32	0.65
奖励激励	党员	3.88	0.64
	团员	3.79	0.69
	群众	3.48	0.83
总均分	党员	3.96	0.65
	团员	3.74	0.70
	群众	3.40	0.74

其四,学生干部经历差异性。是否担任学生干部在信仰激励维度上差异显著,$t=3.74$,$df=703$,$p<0.05$;在实践激励维度上差异显著,$t=4.164$,$df=703$,$p<0.05$;在情感激励维度上差异显著,$t=2.694$,$df=703$,$p<0.05$;在榜样激励维度上差异显著,$t=2.239$,$df=703$,$p<0.05$;在奖励激励维度上差异显著,$t=2.959$,$df=703$,$p<0.05$;在总均分上的差异显著,$t=3.663$,$df=703$,$p<0.05$。详见表 4-10。

表 4-10　大学生激励教育问卷学生干部经历的激励效果差异性

（干部 $n=335$，非干部 $n=370$）

检验变量	是否担任学生干部	均值	标准差
信仰激励	是	3.88	0.69
	否	3.68	0.69
目标激励	是	3.9	0.65
	否	3.69	0.65
实践激励	是	3.75	0.63
	否	3.55	0.63
情感激励	是	3.98	0.63
	否	3.85	0.64
榜样激励	是	3.64	0.66
	否	3.53	0.65
奖励激励	是	3.88	0.68
	否	3.73	0.69
总均分	是	3.88	0.69
	否	3.68	0.69

　　学生干部经历在信仰激励、目标激励、实践激励、情感激励、榜样激励、奖励激励六个维度上均有显著差异，这说明相对于非学生干部，这些激励对学生干部有更强的效果。笔者认为学生干部之所以容易被激励主要就是因为学生干部具有强烈的成就动机，在承担大量的学生工作，使得能力得到锻炼的同时，激发了自身的责任感和荣誉感。成就动机理论也认为，具有成就需要的人，对工作的胜任感和成就有强烈的要求，热衷于接受挑战，往往为自己树立有一定难度的目标，在工作的完成中会得到很大的满足。[①] 此外，学生干部与老师接触机会较多，得到的激励机会相对更多，因此激励效果会更加显著。而且在团学组织中，学生的自主意识较强，彼此之间团结协作，大家你追我赶，营造了一种良好的激励氛围。

---

① 　马作宽.组织激励[M].北京:中国经济出版社,2009:35.

其五,不同学校类型学生的差异性。不同学校类型在目标激励上的差异显著,$F=4.712$,$df=4$,$p<0.05$,来自高职高专的大学生($M=3.96$,$SD=0.68$)的目标激励显著高于来自双一流高校的大学生($M=3.64$,$SD=0.64$)。在实践激励上的差异显著,$F=3.407$,$df=4$,$p<0.05$,来自高职高专的大学生($M=3.83$,$SD=0.70$)显著高于来自双一流高校的大学生($M=3.56$,$SD=0.59$)。在榜样激励上的差异显著,$F=5.149$,$df=4$,$p<0.05$,高职高专大学生($M=3.75$,$SD=0.68$)、普通本科院校大学生($M=3.61$,$SD=0.62$)和民办本科院校大学生($M=3.61$,$SD=0.63$)的榜样激励之间并无显著差异,但都显著高于双一流高校的大学生($M=3.41$,$SD=0.64$)。在总均分上的差异显著,$F=2.946$,$df=4$,$p<0.05$,来自高职高专的大学生($M=3.92$,$SD=0.69$)的激励显著高于来自双一流高校的大学生($M=3.70$,$SD=0.66$)。如表 4-11 所示。

表 4-11 说明高职院校中,运用榜样激励、目标激励、实践激励效果较好。笔者认为这可能是因为高职高专的学生学习能力相对于本科高校学生较弱,但其思想上、道德上、情感上的主动性可以通过目标、榜样、实践等因素来激发,或者说更愿意被激励、被肯定。

表 4-11　大学生激励教育问卷不同类型高校的激励效果差异性

检验变量	高校类型	均值	标准差
信仰激励	双一流高校($n=178$)	3.7	0.66
	普通本科院校($n=167$)	3.83	0.64
	民办本科($n=140$)	3.71	0.76
	独立学院($n=108$)	3.75	0.75
	高职高专($n=112$)	3.92	0.69
目标激励	双一流高校($n=178$)	3.64	0.64
	普通本科院校($n=167$)	3.79	0.59
	民办本科($n=140$)	3.79	0.71
	独立学院($n=108$)	3.85	0.66
	高职高专($n=112$)	3.96	0.68

续表

检验变量	高校类型	均值	标准差
实践激励	双一流高校(n=178)	3.56	0.59
	普通本科院校(n=167)	3.63	0.58
	民办本科(n=140)	3.60	0.67
	独立学院(n=108)	3.66	0.67
	高职高专(n=112)	3.83	0.70
情感激励	双一流高校(n=178)	3.84	0.69
	普通本科院校(n=167)	3.92	0.59
	民办本科(n=140)	3.96	0.59
	独立学院(n=108)	3.89	0.67
	高职高专(n=112)	4.01	0.65
榜样激励	双一流高校(n=178)	3.41	0.64
	普通本科院校(n=167)	3.61	0.62
	民办本科(n=140)	3.61	0.63
	独立学院(n=108)	3.63	0.71
	高职高专(n=112)	3.75	0.68
奖励激励	双一流高校(n=178)	3.70	0.71
	普通本科院校(n=167)	3.81	0.62
	民办本科(n=140)	3.82	0.72
	独立学院(n=108)	3.84	0.66
	高职高专(n=112)	3.91	0.72
总均分	双一流高校(n=178)	3.70	0.66
	普通本科院校(n=167)	3.83	0.64
	民办本科(n=140)	3.71	0.76
	独立学院(n=108)	3.75	0.75
	高职高专(n=112)	3.92	0.69

（二）分项情况

分项中几个主要维度的效果情况如下（按照激励效果从高到低的顺序）。

1. 情感激励：父母的认可对大学生的激励作用最大

根据表 4-12，情感激励效果的排序从大到小依次是：父母＞上级领导＞辅导员、班主任的鼓励＞任课教师＞同学。

表 4-12　大学生激励教育问卷情感激励的效果情况

题目	频数（占比）					均值
	没有效果	有点效果	一般	很有效果	总有效果	
3 同学的鼓励	9(1.28%)	33(4.68%)	214(30.35%)	334(47.38%)	115(16.31%)	3.73
23 社会工作中得到上级的信任和肯定	9(1.28%)	14(1.99%)	122(17.30%)	362(51.35%)	198(28.09%)	4.03
24 辅导员、班主任的鼓励	4(0.57%)	27(3.83%)	171(24.26%)	334(47.38%)	169(23.97%)	3.90
28 任课教师的关心和启发	6(0.85%)	29(4.11%)	183(25.96%)	344(48.79%)	143(20.28%)	3.84
29 父母的认可	4(0.57%)	13(1.84%)	115(16.31%)	361(51.21%)	212(30.07%)	4.08

情感激励是从受教育者的情感需要出发，通过教育者的激励，使受教育者努力将外在的教育内容和要求转化为自身的情感需要，将被动的服从和接受转化为受个体情感需要支配的自觉行为。从表 4-12 中可以看出，父母积极正向的情感对大学生激励作用最大，父母是孩子的第一任老师，父母的一言一行对大学生的影响显然是举足轻重的；其次，是在兼职工作中上级的信任和肯定，上级的肯定是对大学生能力的一种认可，这对他们来说就是一种最好的激励；再次，辅导员或班主任这些专职的思想政治工作者对大学生的鼓励作用也不容小觑，他们对大学生的成长成才发挥着重要的激励作用。

2. 奖励激励：兼职中获得奖金的激励效果最大

奖励是对人们良好思想和行为的一种积极肯定，也是巩固和进一步激发积极性的手段，具有很大的牵动效应。勒波父（M. LeBoeuf）博士经过 20 多年的研究发现，世界上最伟大的原则是奖励。由此可见，奖励激励是激励教育中非常重要的方法。

从表 4-13 可以看出，奖励激励效果的排序从大到小依次是：兼职工作中凭自己努力获得奖金＞学校的奖学金＞学校的荣誉称号＞学校竞赛、活动的奖品或奖金＞父母的实物奖励。这说明,在奖励激励中,凭借自己努力而获得奖金的激励效果最大,在工作中得到奖金可以说是对大学生个人能力的一种认可,因此被大部分学生所看重;其次是学校的奖学金,能够获得奖学金是一种对其学习能力的检验,因此他们比较看重,会成为他们积极表现的动力之一;学校的荣誉称号与竞赛获得的奖品和奖金对大学生也有一定的激励作用,这是因为学校让学生在"比学赶帮超"的竞争中争取荣誉,使受奖者获得一种自豪感和满足感。此外,调查还显示,父母的实物奖励(均值为3.59)的物质奖励比父母认可的精神奖励(均值为4.08)激励效果要弱,这说明,比起单纯的实物奖励,大学生普遍认为父母精神上的鼓励和支持更加重要。

表 4-13　大学生激励教育问卷奖励激励的效果情况

题目	频数(占比)					均值
	没有效果	有点效果	一般	很有效果	总有效果	
11 兼职工作中凭自己努力获得奖金	8(1.13%)	18(2.55%)	112(15.89%)	354(50.21%)	213(30.21%)	4.06
13 父母的实物奖励	13(1.84%)	56(7.94%)	251(35.6%)	272(38.58%)	113(16.03%)	3.59
22 学校的奖学金	13(1.84%)	34(4.82%)	182(25.82%)	303(42.98%)	173(24.54%)	3.84
26 学校竞赛、活动的奖品或奖金	10(1.42%)	41(5.82%)	199(28.23%)	316(44.82%)	139(19.72%)	3.76
30 学校的荣誉称号(如三好学生)	15(2.13%)	33(4.68%)	202(28.65%)	298(42.27%)	157(22.27%)	3.78

3.目标激励:就业目标对大学生的激励作用最大

根据表4-14,目标激励效果的排序从大到小依次是:就业目标＞学习目标＞生活目标＞生涯目标＞能力目标。

毕业后找到一份满意的工作在目标激励中对大学生起到的激励作用最大,其均值达4.13,这说明就业需求是大部分学生目前最重要的需求;其次,成绩排名靠前的学习目标能够激发大学生努力学习,均值达3.92,这与大学生这个群体具有一定的进取心直接相关。生活目标对大学生也有一定的激励作用;大学确立的生涯规划与加入团、学等组织的能力目标的激励作用次之。恩格斯曾指出:"就单个人来说,他的行动的一切动力,都一定要通过他的头脑,一定要转变为他的意志的动机,才能使他行动起来。"①这说明人头脑中产生的目标能够指引人们的实践行动。

表 4-14　大学生激励教育问卷目标激励的效果情况

题目	频数(占比)					均值
	没有效果	有点效果	一般	很有效果	总有效果	
8 毕业后找到一份满意工作的就业目标	4(0.57%)	15(2.13%)	108(15.32%)	334(47.38%)	244(34.61%)	4.13
12 设立有挑战性的生活目标(如减肥)	15(2.13%)	27(3.83%)	226(32.06%)	298(42.27%)	139(19.72%)	3.74
14 成绩排名靠前的学习目标	8(1.13%)	18(2.55%)	168(23.83%)	341(48.37%)	170(24.11%)	3.92
15 加入学生会、社团等组织得到锻炼的能力目标	19(2.70%)	58(8.23%)	248(35.18%)	261(37.02%)	119(16.88%)	3.57
16 大学确立的生涯目标	13(1.84%)	53(7.52%)	258(36.6%)	268(38.01%)	113(16.03%)	3.59

4.信仰激励:体现个人价值的人生信仰对大学生的激励作用较大

根据表 4-15,"树立体现自我价值的人生理想"与"相信自己能行"这两项均值最高,这说明树立体现自我价值的人生信仰对大学生的激励作用较大;其次是"渴望不断获得真知",大学生的主要任务仍以学习为主,他们对于知识的渴望较为迫切,因此获得真知的理想对大学生有较强的激励作用;而对于渴望为国家、社会做出贡献和希望入党的政治信仰激励效果相对较低,这一点值得我们引起关注。

---

① 马克思恩格斯选集(第 4 卷)[M].北京:人民出版社,1995:251.

表 4-15　大学生激励教育问卷信仰激励的效果情况

题目	频数(占比)					均值
	没有效果	有点效果	一般	很有效果	总有效果	
9 树立体现自我价值的人生理想	7(0.99%)	27(3.83%)	164(23.26%)	335(47.52%)	172(24.40%)	3.90
10 相信自己能行的信念	7(0.99%)	28(3.97%)	175(24.82%)	316(44.82%)	179(25.39%)	3.90
11 渴望加入中国共产党/对共产主义的信仰(如果是党员)	52(7.38%)	75(10.64%)	218(30.92%)	225(31.91%)	135(19.15%)	3.45
27 渴望不断获得真知	6(0.85%)	25(3.55%)	190(26.95%)	325(46.10%)	159(22.55%)	3.86
14 渴望为国家、社会进步做贡献	13(1.84%)	32(4.54%)	212(30.07%)	297(42.13%)	151(21.42%)	3.77

5.实践激励:兴趣是激励大学生的重要因素

从表 4-16 可以看出,实践激励效果的排序从大到小依次是:学习自己感兴趣的知识>参加社会实践活动>参加考试>观看积极向上的作品>参加竞赛。

这说明,学习自己感兴趣的知识对大学生的激励作用最大。心理学研究已经表明,兴趣是影响激励效果的重要因素之一,它是动机的进一步发展,人们感兴趣的事物,较容易从复杂的环境中被注意到,成为知觉对象;而不感兴趣的事物,即使被注意到了,往往也会从知觉中随即消失。[1] 根据德西的自我决定理论,每个人都有一种对胜任力(competency)和自决力(self-determination)的需求,这种先天的内驱力促使人们不断追求新颖、刺激、挑战性的东西,而兴趣就是与生俱来的内驱力。正如"兴趣是最好的老师",去学习自己感兴趣的知识是大学生的内在动力。

---

① 彭四平,童恒庆.激励心理学——人类前进的推动器[M].武汉:湖北人民出版社,2006:43.

表 4-16　大学生激励教育问卷实践激励的效果情况

题目	频数（占比）					均值
	没有效果	有点效果	一般	很有效果	总有效果	
1 学习自己感兴趣的知识	5(0.71%)	17(2.41%)	122(17.3%)	354(50.21%)	207(29.36%)	4.05
2 观看积极向上的作品（如励志书籍、影片）	16(2.27%)	73(10.35%)	290(41.13%)	234(33.19%)	92(13.05%)	3.44
19 参加社会实践活动（如校外的志愿者活动）	9(1.28%)	31(4.4%)	193(27.38%)	332(47.09%)	140(19.86%)	3.8
21 参加学校的文体竞赛活动（如运动会）	21(2.98%)	77(10.92%)	288(40.85%)	220(31.21%)	99(14.04%)	3.42
17 参加提升能力的测试、证书考试	17(2.41%)	52(7.38%)	299(42.41%)	236(33.48%)	101(14.33%)	3.5

6.榜样激励:有人格魅力的教师对大学生的激励最大

从表 4-17 可以看出,榜样激励效果的排序从大到小依次是:具有人格魅力的教师＞父母的以身作则＞学校优秀学生的表彰会＞社会道德模范、英雄人物的事迹报告＞社会成功人士的讲座。

列宁提出过"榜样的力量是无穷的"的著名论断,他提出"多用行动少用语言来进行宣传。要知道,现在用言语既不能说服工人,也不能说服农民,只有用榜样才能说服他们"[①]。榜样激励可以对人们起到价值观塑造、目标指引和行为示范等作用。对于大学生,榜样激励更是培养大学生自觉遵守道德行为规范、形成具有新时代精神的大学生风范的有效手段,也是提高大学生素质、增强高校大学生的活力和凝聚力的重要途径。

在榜样激励中,具有人格魅力的教师对大学生有较强的吸引力,均值达到3.99。这说明,教育者的人格力量发挥着重要的作用。俄国著名教育家乌申斯基曾说:"在教育中一切都应以教育者的人格为基础,只有人格才能影响人格的发展和形成,只有性格才能形成性格。"教师的善良、真诚、热情、敬业精神

---

① 列宁全集(第 40 卷)[M].北京:人民出版社,1986:37.

等人格魅力会感染学生,融洽师生关系,促进学生的成长。

其次是父母的以身作则对大学生有较好的激励作用;学校的各类优秀人物、道德模范、英雄人物作用次之;而社会成功人士对大学生的榜样激励作用最小。

表 4-17　大学生激励教育问卷榜样激励的效果情况

题目	频数(占比)					均值
	没有效果	有点效果	一般	很有效果	总有效果	
4 社会成功人士（如马云）的讲座	46(6.52%)	124(17.59%)	319(45.25%)	145(20.57%)	71(10.07%)	3.10
18 具有人格魅力的教师示范	8(1.13%)	17(2.41%)	130(18.44%)	368(52.2%)	182(25.82%)	3.99
9 父母的以身作则	5(0.71%)	16(2.27%)	162(22.98%)	342(48.51%)	180(25.53%)	3.96
25 学校优秀学生的表彰会	22(3.12%)	53(7.52%)	260(36.88%)	249(35.32%)	121(17.16%)	3.56
27 社会道德模范、英雄人物的事迹报告	29(4.11%)	91(12.91%)	309(43.83%)	186(26.38%)	90(12.77%)	3.31

第三节　大学生激励教育的问卷调查结论

一、不同激励方式对不同类型学生效果不同

综合上述调查我们发现,浙江省大学生的年级、生源地、就读中学等因素对激励教育的效果没有明显差异,但性别、专业、学生干部经历、政治面貌、大学类型等因素对激励教育的效果有明显差异。

在专业上,理科生在信仰激励、目标激励、实践激励、情感激励、榜样激励、奖励激励上显著高于文科生;在政治面貌上,对党员的信仰激励、实践激励、奖励激励效果明显高于团员,从整体上看党员的激励效果明显高于群众;在学生干部经历上,学生干部在信仰激励、实践激励、情感激励、榜样激励、奖励激励的效果要明显高于没有担任任何职务的学生;在不同类型学校上,普通本科院校、民办本科院校和高职院校大学生的榜样激励效果要明显高于双一流高校

的大学生,而高职院校目标激励、实践激励效果要明显高于双一流高校的大学生。这说明,高校在开展激励时,要注意针对不同性别、专业以及不同特点的大学生采取不同的激励方法。

二、情感因素是最强激励因素

调查显示,信仰激励、目标激励、实践激励、榜样激励、情感激励和奖励激励对大学生的激励效果均值在 3.5 分以上,说明激励教育的六种激励对大学生都有一定的激励作用。由此得出:科学的信仰、合理的目标、大量的实践、积极的情感、正面的榜样、恰当的奖励都是大学生激励教育的激励因素,它们都对大学生的行为起到导向和强化的作用。

在六种激励中,情感激励的效果最佳,因此可以说情感因素为大学生的最强激励因素,这也说明,情感因素是最能够调动大学生积极性、主动性和创造性的第一激励因素,反映了大学生对于情感的强烈需求。

笔者在 2016 年的问卷调查中曾对在杭五所高校大学生展开过激励因素的调查,结果也表明在奖励(奖励机制)、情感(来自父母、师生、朋友的关心和鼓励)、榜样(模范、优秀人物)、目标(制定的目标、计划)、信仰(对于某件事或某个信念执着的追求)、价值观(认为重要的事情)、兴趣(感兴趣的事)、树立人生理想等八种激励因素中,大学生最注重的是情感因素,调查学生中的 34.6% 认为情感因素能产生最好的激励效果,其次才是兴趣,占 24.3%,再次是信仰,占 19.1%。为何情感激励的效果最佳,本书认为有以下原因。

一是人的情感具有较强的驱动作用。美国心理学家汤姆·金和伊扎德认为,情绪和情感具有动机性机能和适应性机能。它是多侧面的复合现象,不能用单独的某一因素来表示。汤姆·金主张第一性的动机系统就是情感(情绪)系统,生物的内驱力只有经过情感系统的放大才具有动机作用。[①] 现代心理学也认为,情感情绪具有激励功能,它是动机的源泉之一,是动机系统的一个基本成分。它能够激励人的活动,提高人的活动效率。适度的情绪兴奋,可以使身心处于活动的最佳状态,推动人们有效地完成任务。同时,情绪对于生理内

---

①　孙成志,朱燕.组织行为学[M].大连:东北财经大学出版社,2010:53.

驱力也具有放大信号的作用,成为驱使人们行为的强大动力。在同样有目的、有动机的行为活动中,个体情感会影响其活动的积极性,在高涨情绪下个体会全力以赴,克服困难努力奋进,实现预定目标;在低落情绪下个体则缺乏冲动和拼劲,稍遇阻力便畏缩不前、半途而废。一项对青少年的实验研究更是以量化手段揭示了正情绪和负情绪对实际活动所产生的增力或减力作用。该实验让男女青少年进行 400 米跑,采用鼓励组和挫折组相对照的办法。结果鼓励组情绪高涨,成绩提高,而挫折组情绪低下,成绩降低,两者差异显著。[①]

二是情感激励为教育的开展奠定了心理基础。因为思想政治教育是教育者与受教育者之间思想与情感的双向交流活动,情感激励既发挥了教育者的主导作用,又实现了受教育者的主体作用,体现了教育者与受教育者的平等地位。它是达到教育目的的重要手段和途径,也为教育对象进一步接受教育奠定了一定的心理基础。从青年大学生的特点和需求来看,当代大学生是具有丰富情感的个体,对积极的情感因素需求尤为强烈,他们需要来自父母、师生、朋友情感的鼓励、欣赏、肯定和支持。教育,特别是思想政治教育,往往不能立竿见影,而是需要长期坚持不懈的努力才能看到成效,才能体现受教育者内心世界与外在行为的改善和提高,而且这种改善与提高还可能经历反复,甚至倒退。因此,当教育者运用足够的耐心,发现受教育者身上的进步,并通过积极的肯定等方式强化教育者身上的积极面时,就为学生奠定了接纳性的心理氛围。事实也证明,人的情绪、激情、意志等情感也能够影响人的思想内化过程。教师对学生投去一个赞赏的目光、展现满意的一笑或给予微微的点头,对学生来说都是极大的信任和莫大的奖赏。父母的一个亲吻、拥抱,或是摸摸头、夸奖夸奖等,孩子都会感到十分亲切,感到无比温暖,感受到一种很大的鼓励力量。[②]

三是情感激励的效果具有可持续性。在激励教育实施之初,教育者要相信受教育者经过思想政治教育能够促进思想、行为上的转变,并运用积极的情感因素,"以情感人、以情动人、以理服人",如教育管理者用关心、理解、尊重、

---

① 张志强.积极情感效用论[M].青岛:中国海洋大学出版社,2013:66-69.

② 李祖超.湖北省教育科研成果选集[M].武汉:武汉理工大学出版社,2001:3.

信任和宽容等方式构建起良好的师生关系,拉近师生之间的心理距离;随着师生间对话的展开,这种感情的感染效应将学生的情感调动起来了,学生通过情感体验理解教育内容,并随着体验加深而使这种情感不断地强化,促使学生实现由浅入深的"服从—认同—内化"的积极转变。可以说,情感是教育主体性的内在驱动因素,在知向行的转化过程中起着不可或缺的中介作用。[①] 即使教育者的情感激励已经结束,如受教育者已经毕业,这种情感因素依然会发生作用。例如笔者的一位学生在毕业多年后发了这样一条短信:"谢谢老师和同学的信任,推荐我担任了学生会生活部的副部长,让我告别了以往只待在寝室,碌碌无为的状况,使得我的大学生活充满了生机,有了方向。"这条信息虽然很简短,但能够看出这位同学因为得到了老师和同学的信任和鼓励,产生了积极的情感体验,重新找到了大学的奋斗目标和方向,找到了作为一名学生干部赋予她的意义,度过了一个充实的大学生活。积极情感扩建理论认为,积极兴趣能扩展个人的即时思维—行动范畴,为个体提供具有建设性可持续的个人资源的机会,反过来通过产生积极的或称适应性的情绪—认知—行为为个人的成长和发展提供潜能。[②] 由此,我们可以看到积极的情感因素所带来的激励效果能够在学生中持续较长时间。

具体情感因素分析。在 2017 年问卷调查的情感激励结果显示,父母的认可(均值 4.08)激励效果最大,其次是工作中得到上级的信任和肯定(均值 4.03),再次是辅导员或班主任的鼓励(均值 3.90)、任课教师的关心和启发(均值 3.84)、朋友或同学的鼓励和帮助(均值 3.73)。这些积极的情感因素是激发大学生积极性、主动性和创造性的重要因素。

一是父母的情感因素。父母的情感因素对大学生的影响较大,这在访谈中也得到印证。访谈中,一位在民办高校就读的贫困生 A 同学说:"最激励我的是父母,我一想到父母这么辛苦,起早贪黑赚钱,给我交这么高的学费,我就告诉自己一定要好好学习,希望对得起父母的付出,得到父母的认可。"该生通过自己的努力,在校期间获得了国家奖学金的荣誉,可以看出,不辜负父母的

① 张彦.思想政治教育主体性研究[M].广州:广东人民出版社,2006:44.
② 阿兰卡尔.积极心理学:关于人类幸福和力量的科学[M].郑雪,等译校.北京:中国轻工业出版社,2008:12.

付出和期望是她学习最大的动力。

二是教师的情感因素。访谈中,有多名学生提到了教师对自己的激励作用很大。正如 D 同学说:"老师对我的影响比较大,比如大学的班主任,他不是以老师的身份要求我做什么,而是以朋友的身份给我建议,是放在和你平等的位置看待问题,对我没有压迫感,我能学到解决问题、人际交往方面的技巧。"

J 同学提到:"在大学里,我最幸运的是有一个亦师亦友的班主任任老师,感恩老师对我学习和生活上的关爱,帮我渡过难关。"

Q 同学也认为:"自己喜欢的老师会对我有很大的激励作用,我觉得一个老师个人的魅力、素养很重要。"

P 同学提到:"老师对我的激励作用最大,和父母有代沟,有些话很难说出口,而且父母只是在生活上寒暄温暖;同伴的知识又是有限的;老师的鼓励和重用最重要,因为老师的鼓励是经常性的,是可以持续的,他们的鼓励使我奋进。"

G 同学在谈到大学中最能够激励你的人时也说:"我和同学常常相约一起到一位思政课老师办公室聊天,他很有人格魅力,很幽默风趣,也很为学生着想。我会和他谈谈近期学习生活,偶尔会一起吃个饭。实习阶段,老师更是相当关心我们的就业情况。他早早地鼓励我通过考研让自己得到提升,找到一份好工作。好在我也没有辜负他的期望,在毕业前就考取了事业单位。现在和他一样,也成了一名教育工作者,当然我离他的距离还有十万八千里。老师是我的偶像,亦师亦友,在原以为会迷茫无知的大学生活里给予了我最坚实的依靠和最有力的激励,让我能给自己的大学生涯画上完美的句点。"

三是朋辈的情感因素。除了父母和老师,同学、朋友的情感激励对大学生的促进作用也十分明显,比如在访谈中,有多位同学都谈到了同伴对自己的激励。如 T 同学提到了在大学时一位室友的帮助对她的影响最大:"大学里,最激励我的是我的一位挚友,也是我的室友。我们朝夕相处四年,时光静静流淌,我们的友情历久弥新。她是个非常独立坚强的女生,有着男孩子一般的胆量、女强人一般的能力,为人处世、面面俱到。从大一开始进入校外联社,她的交际能力由此得以充分锻炼,从基本的日常交流到活动策划,没有她处理不了的问题,没有她搞不定的事。我也试着参与到社团活动中,加入了校科创部,协助部长负责相应的工作,认识了不少新的朋友,拓展了交际圈,处理事情的能力也稍微得到提升。大二开始,她走出校园,开始到社会中参与工作实践,在互联网公司这一块找到了自己的用武之地。热心的她也时刻心系着我,在她的帮忙联系下,我去她介绍的一家培训机构开始我自己专业方面的教育实践。从中我的教学能力得到了很大的提升。"

三、就业目标对大学生的激励效果最佳

就具体的激励方法而言,30个具体的激励内容中,就业目标对大学生的激励效果最明显,就业需求是大学生最为迫切的需求。从表4-18可以看出,对大学生激励效果最大的是希望毕业后找到满意的工作,这说明就业需求是大学生的主导性需求,就业已经成为很多大学生的首要目标。

表 4-18　浙江省大学生激励项目排名前五位

序号	维度	选项	均值
6	目标激励	毕业后找到满意工作的就业目标	4.13
20	情感激励	父母的认可	4.08
16	奖励激励	兼职工作中凭自己努力获得奖金	4.06
11	实践激励	学习自己感兴趣的知识	4.05
17	情感激励	社会工作中得到上级的信任和肯定	4.03

心理学研究表明,需要是有机体内部的某种缺乏或不平衡状态,它表现出有机体的生存和发展对客观条件的依赖性,是有机体活动的积极源泉。[①]其中,ERG理论为我们了解人的动力结构发展以及人的动力结构的复杂性提供了理论指导。当代大学生的需要,也可以分为生存需要、关系需要和发展需要这三个层次。生存需要是基本的物质保障,如毕业后谋求一份工作以维持基本生存;关系需要包括与父母、师生、朋友之间的良好互动关系需要;发展需要是大学生个人能力素质提高,全面发展的需要。进入大学阶段后,大学生的需要呈现多样化的特点,根据相关学者的调查研究,大学生具体的需要包括提高心

---

① 黄希庭.心理学导论[M].北京:人民教育出版社,1991:184.

理素质的需要、求职的需要、建树的需要、奉献的需要等 21 种基本需要。[①]

　　20 世纪 90 年代中期以来，随着我国大学生就业政策由"国家包办分配"向"自主择业、双向选择"的转变，随着我国经济的快速发展和社会的深刻变革，高等教育已步入大众化阶段，与此相伴的是大学毕业生就业形势也发生了重大变化，毕业生数量的急剧增加带来就业市场的供求矛盾，就业形势日趋严峻，大学生就业问题逐渐显现，部分专业供大于求、市场需求不足的大学毕业生面临着就业质量下降、委屈就业乃至失业问题，大学毕业生逐渐褪去了昔日"天之骄子"的耀眼光环，昔日"皇帝女儿不愁嫁"的就业状态逐渐消失，许多大学生和家长也开始为就业问题而焦虑。因此，就业目标对于当代大学生来说尤为迫切，其激励的效果也就最大。F 同学在访谈中提出："我现在学习的主要动力是为了毕业后找到一份好工作，作为人，首先要解决自己的温饱问题，如果连这个问题都不解决，也就谈不上什么自我实现了。"

　　C 同学也表示："我想考研，而我选择考研的目的主要是想通过考研，学习自己喜欢的专业，在求职中比本科生更有一些优势，毕业后能够找到一份自己心仪的工作。"

　　从这两位同学的访谈中，我们也可以看出部分大学生的真实内心写照，他们将找到一份好工作作为毕业后的首要目标。大学生激励教育，就是要充分利用大学生的这种就业期待，引导学生树立正确的成才观、择业观。

---

　　① 时建朴，王瑾.关于当代大学生需要发展的调查研究[J].青岛大学师范学院学报，2005(3)：103.

第五章 大学生激励教育存在的问题及其归因分析

近年来,大学生激励教育取得了一定的成绩,主要表现在:一是激励教育活动形式多样化。如开展以大学生就业、职业生涯设计为主题的目标激励,帮助大学生树立阶段性努力目标,激发大学生的成就动机;举办各类典型人物的讲座,通过榜样的带动作用激发大学生的向善、进取意识;开展形式多样的文体竞赛,通过比赛激发大学生的竞争意识、团队精神;以学校的名义对优秀大学生进行公开褒奖,激发大学生的荣誉感、自豪感和自信心等。二是大学生激励教育的活动载体有所拓宽。传统的激励教育主要通过政治理论课的学习、开会、说教的方式,而随着时代的发展,激励教育从校内走向了校外,从课堂走向了课外,高校广泛组织大学生开展校外实践活动,如暑期社会实践、志愿者服务等,通过实践激发大学生的社会责任感。三是大学生的奖励激励机制逐步健全。国家层面出台一系列的激励政策和激励措施,逐步建立了较为完备的奖助学金激励制度,用于奖励优秀的大学生,资助品学兼优的贫困生。除物质奖励外,高校还有一系列的精神奖励,如定期评选优秀毕业生,各类优秀学生代表,优秀班集体等,并通过各种形式广泛宣传优秀大学生个人和集体的先进事迹,有些高校还推出保送研究生的激励机制等措施。

尽管高校对大学生激励教育越来越重视,但问题依然不少,特别是激励效果不尽如人意。为了更好地了解大学生激励教育的影响因素,本书采取质性研究与问卷调查相结合的方法,试图寻找大学生激励教育存在的问题及其原因。

第一节　大学生激励教育的质性研究

质性研究是本书的研究手段之一,它是一种在社会科学领域常用的研究方法,主要采用观察、访谈、个案记录等形式进行原始资料的收集、整理,经过通读和反复阅读对资料进行"叙事码"的编写,根据主题进行描述,并将主题描述形成关联,最终解释主题的含义及描述,得出研究结论。

一、质性研究对象的选择

笔者担任辅导员、班主任十余年,并兼任"思想道德修养与法律基础""大学生心理健康教育"课程的教师,对大学生群体的思想新特点一直很关注,这为笔者进一步开展大学生激励教育实效性研究奠定了良好的基础。

在质性研究中,笔者首先根据抽样的原则在 S 大学选取 2013—2016 级的20 名在读学生作为访谈对象,并根据需要选择了 10 位思想政治教育工作者进行访谈。其中,学生层面考虑性别、年龄、年级、所学专业和专业所属大类、家庭背景等因素,并综合最大差异抽样等抽样策略进行对象选取;教师层面主要选择辅导员、班主任、党总支书记、思想政治理论课教师及心理咨询教师。该访谈主要是为了深入了解激励教育的有效性问题,以弥补问卷调查中只体现数据结果的不足。

二、质性研究的实施

质性研究的具体研究流程如图 5-1 所示。质性研究中最核心问题是资料的收集和资料的整理分析,本书重点对此进行说明。

质性研究资料的收集。本书质性研究主要采用个别访谈、开放式问卷的形式进行相关资料的收集。质性研究资料收集过程较偏重在被研究者的日常生活情境中,研究者与被研究者进行持久的接触与互动,从这些互动经验中收集全面的资料。其基本程序为:先确定访谈提纲,再与访谈者一一进行面对面的访谈,并及时记录相关内容。

质性研究资料的整理与分析。质性研究是一种重视对社会事实进行诠释

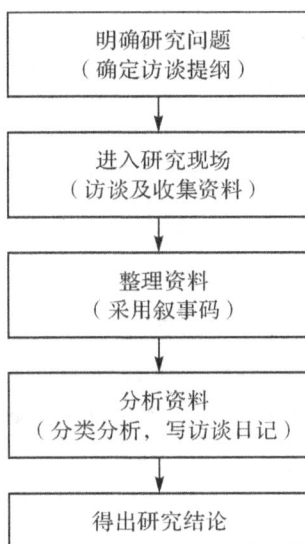

图 5-1　质性研究的流程

的研究方法。其中,资料的整理与分析是质性研究最核心的部分,是系统化地搜集和整理访谈记录、观察笔记和其他积累的软性资料,以便获得研究发现的过程,这一过程包括对所获得的软性资料处理、组织、将资料打散为可以管理的单元,然后进行综合,最终通过资料探索研究对象的规律。每次访谈结束后,笔者采用"叙事码"的整理编码方式,对访谈内容进行分析,写访谈日记,及时记录访谈感受。

三、质性研究的效度

本书着重阐述三个主要的效度检验手段。

一是长期投入。与其他探索方法的特性不同的是,质性研究的品质可以用延长留在研究场域的时间之策略,这个技巧源自早期人类学家在外地田野工作的经验,而延长停留时间就成为质性研究中他们身居那个地方的特质,长期投入可以改善回应性与被研究者的偏差。[①] 笔者长期在 S 大学工作,对部分访谈对象进行了第二次、第三次的访谈,与他们建立了信任关系,从而减少了

---

① 李晓凤,余双好.质性研究方法[M].武汉:武汉大学出版社,2006:282.

被研究者说谎掩饰的动机。

二是确保原始资料的丰富性。贝克说过,写作就是一种思考,或更严谨地说,写作就是一种思考形式,也是一个"主体性客体化"的活动,它既是一种基于文本的思考,又是一种实践活动。本书基于该理念,在研究过程中整理了全部访谈内容,访谈过程中的人物言行举止也都尽可能地仔细记录,以求为研究结论提供充分的依据。

三是运用观察者的多元交叉法。观察者的多元交叉法是指在同一个研究中,使用一个以上的观察者,以取得大家共同一致的看法。[①] 笔者在质性研究中,除访谈 20 名学生外,还访谈了 10 名思想政治教育工作者,通过多个访谈对象,来验证学生访谈内容的真实性与可靠性。

第二节　大学生激励教育存在的问题

通过研究,笔者发现高校的大学生激励教育存在缺乏科学性、创新性、系统性等三个方面的问题。下面将结合质性访谈以及相关调研数据进行具体分析。

一、激励教育缺乏科学性

通过调查发现,大学生激励教育在实施过程中缺乏一定的科学性,主要表现在以下三个方面:

(一)激励教育活动存在供给侧矛盾

习近平提出的关于供给侧改革的思想是一种新的社会改革理论,供给侧结构性改革,重点是解放和发展社会生产力,用改革的办法推进结构调整,减少无效和低端供给,扩大有效和中高端供给,增强供给结构对需求变化的适应性和灵活性,提高全要素生产率。[②] 从思维的角度,供给侧改革的思想为大学生激励教育提供了借鉴,激励教育当中存在供给侧矛盾,体现在教育主体给予

---

① 李晓凤,余双好.质性研究方法[M].武汉:武汉大学出版社,2006:284.

② 习近平.在省部级主要领导干部学习贯彻党的十八届五中全会精神专题研讨班上的讲话[M].北京:人民出版社,2016:29—30.

的激励内容与激励客体所期望的有矛盾,主要表现在两个方面。

1. 激励教育的活动供不应求

笔者通过 2014 年的问卷调查发现,从供给的量上看,激励教育活动的供给量不足。一方面,大学生认为激励教育十分重要,对于激励教育的需求较为强烈,84.6％的学生认为激励教育非常有意义,78％的学生希望在高校开展激励教育活动,80.5％的学生希望家庭中开展激励教育;另一方面,72.5％的大学生认为高校的激励教育活动开展不充分,远远不能满足其需求,还有 13.3％的学生认为几乎没有开展激励教育活动,只有 14.2％的学生认为很充分。[①]正如 M 同学所说:"我们在初高中有激励演讲,比如在高考前 100 天的演讲,我被打动,效果持续了一个月,后慢慢淡下来,不过还是有改变的;但是到了大学以后,这样的活动几乎就没有了。"这说明,高校激励教育中缺少有效的、连续性的激励教育活动。

2. 激励教育开展不均衡

从供给的频度看,激励教育开展不均衡。调查中发现,不同年级激励教育的开展存在不平衡现象,部分学生认为学校往往只重视新生阶段的激励。访谈中,有学生提出大一刚入校时,学校、学院对于学生的激励教育相对较多,但是随着年级的上升,激励教育逐渐弱化,可见目前高校不能很好地满足不同年级学生的需求,特别是中高年级的需求,正如 M 同学所谈道的:"激励教育要有适当的频率,如果间隔太短,经常性地开展,容易让人厌烦;如果间隔太长了,又可能达不到效果,我觉得一个学期至少要有两次比较合适。在大一的时候,班主任激励我们的频率有点高,大家有些厌烦,但是到了大二以后,又太少了。"

D 同学也提出:"我觉得大概两三周左右激励我一次比较合适,比如班主任一个月找我面谈一次,但是班主任不可能有这么多时间,有时候我一个学期只见到班主任一次。"以上访谈说明高校激励教育不能满足学生的需要。

从供给的内容看,激励教育的供需不匹配。激励教育是以大学生的合理

---

① 陈乐敏.大学生激励教育的现状与对策——以浙江树人大学为个案的初步分析[J].开封教育学院学报,2014(5).

需求为起点,因此深入了解大学生的实际需求是开展激励教育的首要任务。根据笔者 2017 年的问卷调查,学生认为情感激励的效果最佳,其次分别是奖励激励、目标激励、信仰激励、实践激励、榜样激励。从需求角度来看,大学生对于情感的需求是极为迫切的,他们希望得到老师的肯定、赞扬和鼓励。而笔者所访谈的 10 名思想政治教育工作者最常用的激励类型是榜样激励和奖励激励,对于大学生最期待的情感激励运用得相对薄弱。这说明,激励教育主体对教育客体需求的了解程度不足,未能很好地掌握学生的需求,没有真正满足学生的实际需求和个性化需求。

(二)激励制度设计不完善

激励制度设计存在不完善的情况,就奖励激励的制度而言,目前仍不能满足不同类型学生的需求。以 S 大为例,学校拥有不同等级的奖学金制度,各类荣誉奖励,如校级优秀学生干部、三好学生等。但这些校级荣誉与学习成绩直接挂钩,对于学生成绩处于中上游的同学有一定的作用,但对成绩处于中下游的学生几乎没有激励作用。正如访谈中 F 同学提道:"学校的评优评奖激励制度不太合理,每年获奖的都是那几个人,无论自己怎么追都追不上,不知道如何去做,所以没有激起我的斗志,像是局外人。"从期望理论我们知道,当个体认为努力会带来良好的绩效评价时,他就会受到激励而付出更大的努力,相反,如果个体认为努力不能带来良好的绩效评价,即效价低,期望值也低时,则激励力量最低。因此,当学生认为我再怎么努力都拿不到奖学金时,奖学金对他的吸引力就降低了。

在某重点高校从事了多年学生管理工作的 B 老师也提道:"现在的大学还是唯学习成绩论,其实已经有研究发现,学习成绩好的学生未必以后发展得好,反而是成绩中等的发展更好。激励的措施应该往综合性的方向发展,制度层面的设计上要考虑学生的综合素质。而不是像现在这样,要拿个荣誉,英语四级六级考不过不行,有挂科也不行。学校太过于关注成绩,这种观念有些根深蒂固。"

再以贫困生资助政策为例,国家设立了多种奖助学金激励品学兼优的贫困生。但有些非贫困学生为了获取奖助学金,甚至不惜去开"假贫困"证明,钻制度的漏洞,曾有高校学生将此类事件举报到学校上级部门,一度造成较坏的影响。访谈中 C 老师就提到过这一现象："现在有些学生不愿意花太多时间刻苦学习,考高分去拿奖学金,而是只要把功课考到 60 分都通过了,然后去开个贫困证明,就很容易拿到助学金。"对于真正贫困的学生,一些学校比较注重物质的给予,对其在思想上的疙瘩、学习上的困难、心理上的困惑以及突发性事件,缺乏较为合理化的操作程序、步骤和得心应手的解决方式。这样,即使解决了一时的经济问题,也不能解决贫困生的精神激励问题。

（三）激励教育开展不及时

古人云:"机不可失,时不再来。"这说明掌握时机的重要性。但在实际工作中,我们很多高校思想政治教育工作者往往因为没能把握好激励的时机,对大学生进行及时的激励,而使激励效果大打折扣。笔者通过访谈发现,在大学生争取入党前开展激励教育最有效。如果教育者能够把握这个阶段,对大学生开展党性教育,就能取得较好的效果;反之,如果教育者没有抓住这一时机,放任自流,就会极大地削弱大学生的入党积极性,甚至使其中途放弃。从 2017 年的调查数据也可以看出,加入中国共产党的政治信仰激励作用较弱,这跟激励是否及时有直接的关系。就以 S 大学为例,新生一入学时都有较强的入党动机,某个班级有 90% 左右的新生提交了入党申请书,但学院辅导员、班主任未引起足够的重视,加之日常工作烦琐,事务较多,没有抓住这一有利的时机对其进行引导、谈话,致使一年后绝大部分递交入党申请书的同学丧失了入党的积极性和主动性。正如 F 同学提道的:"在大一的时候我递交了入党申请书,但是一直没被列为入党积极分子,也没有让我做什么事,时间一长,没人管我,我也就放弃了。"由此可见,目前大学生激励教育队伍建设不健全,对学生的跟踪激励不及时,影响了激励教育的效果。这也进一步证明大学生激励教育队伍需要大大加强,真正实现全员思政,才能满足大学生日益增长的个性化激励需求。

激励效果在很大程度上取决于激励的及时性,尤其是大学生正值青年期,思想活跃,渴望及时获得肯定,因此,对其取得的成就要给予及时肯定,这对调动大学生的积极性非常重要。① 然而在开展激励教育过程中,有些老师忽视了反馈的时效性。访谈中,工作了3年多的辅导员E老师说:"激励教育最行之有效的方法是,让学生觉得你懂他,其次才是理解和关爱。作为辅导员,我在激励教育中吃过一些小亏,主要是激励一次就结束了,和学生的交流不够深入,后期不及时跟进,会让学生觉得'老师并没有真正关心我,而是讲了一通道理而已'。此外,和学生'不够熟',也会让学生觉得某些激励教育比较走过场。"因此,如果不对学生的良好表现予以及时反馈,学生会认为自己不受老师重视,从而也会直接影响激励教育的效果。

再以奖学金的发放为例,目前存在高校各类奖学金发放时间滞后的问题。在访谈中T同学提道:"知道自己能拿奖学金是这个学期的事,而等拿到奖学金,已经是下个学期了,原来那种兴奋的心情已经消失得差不多了。"的确,一些高校的奖学金存在发放不及时的情况,有的甚至拖上一年半载才发,等拿到奖学金时,学生那种刚刚被激发出来的学习动机早就烟消云散了。②

二、激励教育缺乏创新性

(一)激励教育形式和内容单一

激励教育缺乏创新性,首先,表现在激励教育形式单一。针对激励教育存在的主要问题,笔者在2014年的问卷调查中发现,大学生的选择从大到小依次排列为:活动形式单一(60.7%)、内涵不够丰富(43.8%)、相关活动开展不多(43.8%)、参与性不高(42.9%)、缺乏长效机制(39.5%)。由此可见,形式单一是当前大学生认为激励教育存在的主要问题。就思政理论课而言,高校有些思想政治理论课教师虽然有激励学生的意识,但缺少方式方法,不了解学生关注的热点问题,理论没能很好地联系实际,给大学生一种"过时老化""假大空"的印象,缺乏激励教育的时代性。A同学提道:"我上的思修课老师还比较负责,但是因为上课的方式过于传统,很多学生都不愿意听,积极性不是很高,而且学了就容易忘,还有那些马克思主义基本原理的课程,很多同学上课

① 王丽萍,袁云岗.激励理论与高校学生思想政治教育的路径和对策[J].河北学刊,2010(4):229.

② 王易,张莉.试论激励法在大学生思想政治教育中的运用[J].思想理论教育导刊,2010(7):80.

干脆睡觉了。"这些现象也说明思政课中需要改变教学方式,以激励学生学习的积极性和主动性。

目前高校日常思想政治工作中,传统的榜样激励、奖励激励仍是激励教育的主流,笔者 2014 年的问卷调查显示,在问及学校激励教育的方式时,有60.5%的大学生选择"学校组织的校友及成功人士的讲座";40.2%的学生选择读励志书籍,29.2%的学生选择教师的鼓励,26.8%选择先进人物的榜样激励。这说明在激励教育中,传统的激励方式居多。

访谈中,D 老师也提到目前激励教育中存在激励形式单一的问题,他说:"现在的老师其实运用的激励方式不多,方法单一,一些老师还不太会激励,比如学生表现好了,但是没有及时表扬;其实老师肯定的眼神就是一种激励,哪怕是一句鼓励的语言、得体的体态语,只要是恰当激励方式都可以。"

辅导员 C 老师说:"我最常用的激励是利用学生身边榜样,或者是名人的故事激励学生。"

B 老师说:"我最常用的激励教育方式就是奖励激励,比如每个学期的评优,优先入党、选拔优秀学生担任团学干部,对好人好事进行表扬等方式。"

从事思政课教学的 I 老师说:"上课的时候,我经常用一些伟人做榜样示范,告诉学生他们怎样吃苦的;比如伟大领袖毛泽东,伟大元帅朱德,还有不畏生死,光荣牺牲的烈士方志敏、蔡和森等等。"

D 老师说:"我最常用的是榜样激励,同一个班的榜样不太用,怕会产生敌意,别的班的学生榜样更有说服力。其次就是奖励激励,很多学生很看重奖学金,觉得这对父母是一个交代,拿了就是给父母争了光,是对自己学习的肯定。"

可见,在信息化时代,不少思政工作者仍较多地采用传统的激励方式,较少结合信息化时代的现代媒体手段,与时俱进地创新激励载体,开展个性化、精准化的激励教育。

其次,激励教育的内涵较为单一。迫于严峻的就业形势与相关部门的就业考核指标,一些高校将提高大学生就业率作为激励教育的主要内容,导致激励教育内容单一,且存在功利化倾向。访谈中,担任多年班主任的 H 老师讲道:"在大学生就业压力不断增大的大环境下,学校将学生就业作为主要激励教育内容会产生一些积极的作用,但也有一些负面的影响,就是导致学生十分功利,如果老师说,这个对找工作有帮助,他们就听,没有就不听。而一些学生,对专业课程比较重视,对思想政治理论课则消极应付。我是班主任,就有思政课老师来我这里反映学生的出勤率很低。"

(二)激励教育形式的时代感不强

笔者梳理 2013 年、2015 年的问卷调查发现,在 50 项激励教育的具体方式中,排名居于后五位的均为:励志名言警句标语、观看各类总结表彰活动、英雄模范人物事迹报告会、学校思想政治课教学、社会各界成功人士讲座。说明传统的激励教育方式对大学生缺乏吸引力。

以榜样激励为例,人物的时代性不强、对学生的吸引力不够,不能引发学生的共鸣。2017 年的调查也显示,社会成功人士的榜样激励作用在 30 项激励内容中排在最后,也就是说社会成功人士的榜样作用最小,为弱激励因素;其次是英雄模范人物、各类文体竞赛活动等,而这些都是传统的激励教育中最为常用的激励模式。这也说明一些传统的激励方式,比如榜样激励,其效果开始逐渐弱化,这一现象值得引起我们的关注。对于为什么英雄模范人物、对社会成功人士大学生的激励效果不及身边的普通人,G 同学是这样解释的:"在我看来,先进人物事迹报告或者优秀校友讲座这类的只能在一定的时间内起到作用,而身边的榜样包括一些同伴的激励,对我来说才是能够一直激励我努力下去的。比如有个同学,他已经很优秀了,从大一上学始就下定决心要考研,几乎每次去图书馆总能看到他在埋头苦学,我总会对他产生敬佩之情,他都已经那么优秀还在努力,而我并不够好,怎能懒惰贪玩?每当想起他,我都会暗暗给自己加油打气,告诉自己得更努力些。"

I 同学也说:"我认为向那些所谓那些成功人士学习,只能在一定的程度上激励到我,但他们离我太过遥远了,而身边的榜样在很大程度上和我有着相似的成长环境,所以他们才是我一直努力追赶的目标,正因为有这些榜样的存在,才使得我不敢怠慢,不断努力地去成为更好的自己。"

E 同学这样描述:"我去听过一些名人的讲座,但我觉得他们的成功带有偶然性,有些也是我们学习不来的,而且这些人与我们都没有直接的联系,缺少共鸣,更不能感同身受。"

辅导员 E 老师在对传统的激励方式做出评价时是这样回答的:"坦白说,现在传统的评奖评优制度正在失去它原先的激励作用。不少同学私底下表示,评奖评优是'我应得的',是个人争取来的结果,与学校、老师对我的肯定没有多大联系。学生不太会认为这是一种激励方式,而是理解成'打分升级'的某种必然。表彰大会也逐渐成了'走过场',学生并不是特别认同这样的荣誉。相比较而言,在新媒体发达的今天,一些同学向我反映,推文专访是最具吸引力、最激励人心的表彰方式(如学校公众号对国家奖学金同学的专栏报道)。这也正是彰显个体性与众不同的方式。'专访'让学生感受到某种特别的激励。而集体的表彰大会并不能或者并不能有效地凸显个人。"她的话反映出当前大学生的一些心态,他们不拘泥于传统的奖励表彰模式,而是追求新颖的激励内容。可见激励教育的内容和形式也需要创新,根据不同时代、不同年级、不同专业大学生的特点与需求,随时随地随需对激励教育的内容和形式进行改进和丰富,从而满足日益增长的大学生激励教育需求。

此外,对于奖励激励,有些高校侧重于物质奖励而忽视了精神奖励,导致了奖励内容的物质化倾向。物质奖励是有效的,因为它是能肉眼看到的,是最为直观的,能满足于人内心对物品的及时需求,也是学生获得肯定或者个人价值得以承认的实体凭证,因此,它是一种受欢迎的激励方式,但随着大多数大学生家庭能够提供良好的物质条件,这些大学生已经拥有一定的商品购买力,对于学校提供的普通物质奖励具有较强的"免疫力",从而带来物质奖励效用的逐渐衰退,因此,对大学生的精神奖励在某种程度上显得更为重要。① 正如 Q 同学所说:"相比较物质奖励,我认为荣誉的激励作用更大,但大学里比较淡化荣誉,我们在中小学的时候荣誉感会比较强。"

三、激励教育缺乏系统性

激励教育是一个系统工程,它不是权宜之计,并不是搞几次激励教育的活动就能产生效果,要实现有效的激励没有简单的方法,也没有一个措施能够确

---

① 陈平,等.大学生物质奖励与精神奖励互补激励机制浅析[J].长江大学学报(社科版),2014(12):153—154.

保激励有效,真正有效的激励措施是一个完整的、良性的系统工程,这个工程的实现依赖于基础性管理的制度化、体系化,也需要教育者的智慧和创新。目前大学都建立了一套以评优制度为主的荣誉激励机制、以课外活动为主的激发大学生全面素质提高的激励机制,但是综合运用激励理论,建立系统性的激励教育机制则比较欠缺,主要表现在高校与家庭的激励教育未能有效协同,高校与高中的激励教育未能有效衔接,高校激励教育的内部协同性不够。

(一)高校与家庭的激励教育未能有效衔接

笔者 2017 年的问卷调查显示,在情感激励中,父母的认可对大学生的激励效果最大,这说明高校的激励教育要充分发挥家长的作用,很多学生工作者也认为应该发挥家长在大学生的激励教育中的重要作用,正如访谈中班主任 H 老师提道的:"在中小学,家长对孩子的教育问题十分重视,他们一般会通过家长学校、家长委员会、家访、网络特别是微信等途径,引导家庭教育。比如学校希望并要求家长与学校一起,学会如何关心孩子,引导孩子,他们互动得比较频繁。但是到了大学,这种家校间的密切联系不断弱化,没有形成一套有效甚或长效的家校互动机制,很多家长对于自己的孩子基本上处于放任的状态,认为是大学老师要管的事,这对我们做一些违纪学生的工作有一定的难度。我们的经验是有问题的学生往往就有问题的家长。"可见,家长比较重视中小学的家校联系,但到大学有弱化趋势,没有形成有效的家校互动机制。

(二)高校与高中的激励教育未能有效衔接

2016 年的问卷调查显示中学老师的激励作用占到 22.2%,仅次于父母的激励效果。访谈中,有大学生认为高考前的激励作用效果明显,每次考试之前都会激励自己,哪怕考得不好也会鼓励自己。高考的激励效果明显首先在于目标的唯一性和明确性,就是为了升入高等学府;其次是形成了激励的合力,即学校激励教育与家庭激励教育的目标高度吻合,在学校又形成了同辈的竞争激励,在这样的激励环境中,学生不断受到督促和强化,从而激发了学生的进取意识。而高校的激励教育未充分利用高考给学生带来的巨大激励作用,在新生一入学就使其重新确定新的奋斗目标,从而淡化了这一激励效应。

从小学到中学,尽管学校也开设了思想品德课程,重视学生综合素质的培养,但是真正实施激励教育的少,或者在实施过程中效果不明显,加上到高中后要应对高考,使得学校把学生"考上大学"作为唯一的激励目标,内容单一,手段单一。很多高中的老师甚至把"现在苦一点,以后考上大学就轻松了"作为激励学生努力学习的动力源泉。很多学生一考入大学就放松了,一下子失去了目标,学习积极性下降,期末还出现挂科的现象。根据笔者 2016 年的问卷调查,部分大学生在大一入学时缺少目标激励,他们没有明确的目标,不会对自己的大学生活进行生涯规划,调查显示只有 14.2% 的学生在高考结束后,树立了上大学后的各种目标;而 41.6% 的学生是抱着"满怀期待,觉得大学生活很美好,走一步看一步"的态度,也就是说,对于大学生活没有规划。有 34% 的大一学生觉得"释放,终于完成了一件大事,可以松口气了",这些学生存在着放松的思想,往往会在专业的学习上有所懈怠;还有 13.8% 的学生感到"迷茫,不知道今后的目标和方向"。

访谈中,I 同学谈到他曾作为老生代表对新生说过这样一番话:"在高考之前,听过这样一句话:'熬一熬,到大学了你就轻松了!'其实我们都被这句话骗了。再过几个星期,很多同学可能会发现,大学的空余时间会很多,除了每天的上课,以及日常占不了多长时间的安排外,其余的时间就在寝室里坐着玩玩游戏,看看视频。大学四年不是拿来玩的!大学四年不是拿来打游戏!大学四年应该静下心来学习,学自己的专业知识,学自己感兴趣的任何东西。大家心里也明白,S 大不是浙大,在高考之前你已经落后别的同学一截了,那么在大学就不要再拉开距离,而是要去赶超他们,不是没可能,就看你自己愿不愿意静下心去学习。四年后,有的人选择了工作,有的人选择了考研,那我们应该好好想想四年后是选择什么?"他指出了目前很多新生的现状,他们缺少目标,有懈怠的心理。因此,高校的激励教育如何与高中比较单一的"大学目标"导向相衔接,进行有针对性的引导和转化,就显得尤为重要。高校激励教育急需架构与高中激励教育相协调和衔接的激励机制与方法。

（三）高校激励教育的内部协同性不够

就高校激励教育体系而言,存在三种具体弊端。

一是目前激励教育主体较多地局限于某些特定人员,如辅导员、班主任、心理健康教师、思想政治理论课教师等,导致激励教育缺少专业教师、行政管理人员、后勤服务人员以及校友等人员参与,即使他们有所参与,不同主体间的参与和介入也缺乏协同机制，没有做到"系统建构"意义上的"全员激励"。

二是只在某一特定阶段或时间节点对学生进行激励教育，缺乏对不同年级、不同专业的，不同特点的学生，从入学到毕业每一个"关键期"，包括从每个学期开学到结束，从双休日到寒暑假等时期的有效衔接，进行持续性、贯穿性、系统性和针对性的全程激励，造成学生成长关键节点的"激励教育缺位"，不同育人阶段之间缺失系统衔接，没有做到"全过程激励"。

三是只利用某一特殊载体进行思想政治教育，如奖励制度、榜样教育等，没有把激励教育的理念与目标渗透进学生的日常管理、组织建设、校园文化建设等多种育人载体之中，更没有基于思想政治教育目标，实现不同育人载体、育人资源的系统衔接和整合，没有做到"全方位激励"。

第三节　大学生激励教育存在问题的归因分析

影响大学生激励教育实效性的原因有多方面，从大的方面来说，有社会环境的影响，这种影响具有很强的渗透性；从小的方面来说，家庭、学校、社区等的影响更为直接，更为深刻。而就大学生个体而言，影响激励教育实效性的主要因素有自身的世界观、人生观和价值观以及自我激励能力等因素。

一、社会层面的影响因素

一是市场经济的负面影响。激励教育内容的功利化倾向在一定程度上受到市场经济的负面影响。伴随着社会各方面的转型，中国的社会阶层出现了重大的嬗变和分化。社会阶层的分化必然导致社会利益格局的重新调整。一方面，社会主义市场经济的发展极大丰富了社会的物质基础，提高了人民的生活水平；另一方面，由于市场经济固有的特点，很多企业、个人以追求物质利益的最大化为原则，人们在追求经济发展的同时，个人的利己主义、拜金主义的思想导致社会出现诚信危机、道德水平滑坡、行为失范的倾向。一些人不仅谈不上工作敬业，而且还坐吃空饷，这让起早贪黑的人们感到不公和失衡；商业领域也时而曝光各种欺诈消费者的情况，为了利益不择手段，引起整个社会的诚信危机；为了获得好的名次和奖金，体育界的兴奋剂事件也是屡禁不绝，而学术界的抄袭事件也时有发生,这些都成为对人民群众的逆向激励。① 部分大学生受这些不良风气影响,价值观发生变化,趋于追求功利、个人实惠,忽视了社会的需要、集体的利益,只重视物质利益,甚至少数大学生唯利是图,没有物质奖励或者个人利益的事就缺乏动力。

在笔者 2014 年的问卷调查中,谈到目前激励教育实效性不强的原因,77%的大学生认为是社会因素的影响,51%的学生认为是学校因素,29%认为是家庭因素,41.6%的学生认为是个人因素的影响(该题为多选题)。由此可见,学生认为激励教育效果不明显的主要原因是社会环境的影响。

访谈中,负责党建的 C 老师谈道:"大多数学生入党动机比较纯正,但是不能否认有些学生动机不纯,比如有学生在入党前表现得非常积极,经常到办公室来帮忙,老师让他做什么事,他一定照办,也很得力,但是一旦他入党了,思想就开始松懈了,办公室连人影都不见了,还要反复打电话催才会过来帮忙,这种学生说到底,就是功利思想严重,入党是为了他自己,为了得到这个'头衔',能够在毕业之后找到一份好工作。"

二是不良舆论的负面影响。大学生激励教育的顺利开展需要营造良好的社会激励氛围,然而一些以网络化为主要特征的新媒体环境充斥着各种非马克思主义甚至反马克思主义的信息,有研究者指出,当下中国,客观存在着两个舆论场,一个是以党刊党台通讯社为主体的传统媒体舆论场,一个是以互联网为基础的新兴媒体舆论场,两个舆论场传播基调和诉求表达长期分离对立,不仅直接挑战了党管媒体的原则底线,而且导致社会阶层分裂对峙,政府公信力严重受损,党的执政基础在一定程度上被腐蚀削弱。② 一些媒体为了吸引眼球,追求经济效益,倾向于报道负面新闻,而对于正能量的宣传比较缺乏。例如"扶不扶"事件的曝光导致有些好人不敢做好事,老实人吃亏的报道也屡见不鲜。

三是复杂的网络环境影响。由于当前网络的信息控制和过滤技术还相对滞后,因此网络在为人们提供丰富多彩信息的同时,也带来了大量的污染信

---

① 李春山,等.社会主义核心价值观大众化研究[M].北京:人民出版社,2017:80.
② 冯刚.新形势下意识形态相关问题研究[M].北京:光明日报出版社,2014:23.

息,如色情、暴力等信息垃圾,对人们的思想觉悟、分辨力、运用信息的能力造成严峻的挑战,特别是实践经验还不丰富,知识储备还不完善的青少年,如果没有老师和长辈的指导,很容易误入歧途。互联网的发展带来了不同的文化价值观,不同国家的文化价值观齐聚网络,个人的不同观点也在网络上得到充分体现,对同一件事情,可能有几种甚至几十种不同的看法和意见,甚至这些看法和意见之间都是相对立的。在这种情况下,人们究竟选择哪一种观点,认为哪种看法正确、哪种看法错误,可以说没有定论,或者说是五花八门、意见不一。尤其是对青少年来说,更面临着价值选择的困惑。[①] 部分大学生面对鱼龙混杂的网络媒介信息,往往缺乏辨识与批判能力,对于其中一些不合情理的和超越经验世界的虚拟内容,往往容易做合理化的接受。而且,大学生由于对信息内容的正误和优劣缺乏应有的识别力和判断力,通常还会导致其行为上的偏差与失误。更令人担心的是,一些大学生对网络的依赖性和迷恋性日益增长,整日"机不离手",使得这种消极影响更加难以防止和消除。

二、家庭层面的影响因素

家庭是以血缘关系、姻缘关系结合起来的,由一定数量的家庭成员组成。家庭是教育的摇篮,家庭因素也是影响大学生激励教育的重要因素之一。习近平十分强调一个良好的家风对于个人成长的激励作用。2016 年 12 月 12 日,习近平在会见第一届全国文明家庭代表时,称赞代表们的事迹"温暖了人心,诠释了文明,传播了正能量,为全社会树立了榜样",充满感情地"点赞"他们"都是好样的"! 他认为"家庭是人生的第一课堂,父母是孩子的第一任老师。孩子们从牙牙学语起就开始接受家教,有什么样的家教,就有什么样的人"。家庭的激励教育具有渗透性和潜移默化的特点,一个人的思想信念、道德品质的形成与家庭环境有着广泛而密切的联系。然而,有些家庭环境中存在一些消极因素影响了激励教育的效果,主要表现在三个方面。

---

① 吴广庆.文化融入思想政治工作的方法论研究[M].北京:中央编译出版社,2016:181.

一是家长观念上的偏差。在应试教育的长期影响下,很多家长激励内容单一,偏重学习激励而轻信仰激励,视取得好成绩、考上好大学为主要目标,只重视孩子的智育而轻德育。中国父母对子女教育普遍抱着学习至上的价值观,误认为学习是子女教育生命的全部内容,而学习又被更多地理解为知识的掌握与运用,对态度和情感系统等方面的发展则视而不见。[1] 此外,一些父母激励方式不当,如有些家长为了让孩子取得好成绩,就给孩子设定了物质奖励。这种做法,在一定程度上能够对孩子起到短期的激励作用,但是,对于价值观尚在形成时期的孩子来说,更需要的是精神上的激励,品德上的引导。这种以物质奖励为导向的激励政策,使学习这样一种自觉的行为,变成了一种交换条件。如果超过界限,还会导致孩子过度物质化的倾向,久而久之,使得家庭关系变得庸俗。

二是家庭关系缺少积极的情感互动。一般来说,亲切和睦、温暖、充满爱心、奋发向上的家庭环境有利于激励青少年健康人格的培育,反之,则会给青少年的成长造成障碍。在有些家庭中,家长和孩子之间缺乏必要的沟通,情感激励缺乏。亲子的情感是教育子女的巨大力量,它既可以成为子女接受父母正向教育的催化剂,也可以成为子女接受父母负面影响的加速器。[2] 还有一些家长,他们信奉传统的"棍棒底下出孝子"的负激励,而忽视了对孩子的肯定和鼓励的正面激励,使得孩子缺乏自信心;一些相对落后的学生通过学校教育者和周围同学的激发、鼓励树立了自信心,而当他们回到家庭时,家长却不以为然,甚至采取嘲讽的态度,这种落差使他们在学校激发的自信又被家庭教育削弱甚至抵消,使得学校的激励教育不能发挥出应有的作用。此外,一些父母的教养方式比较专制,喜欢"听话"的孩子,一旦孩子有自己的想法,父母会打压,从而扼杀孩子的积极性和创造性。

三是家长的示范作用不够。在现代家庭的日常生活中,家长是家庭激励教育的主体,他们的思想素质和行为规范影响子女的思想品德的形成和发展。家长对子女的影响是潜移默化的,他们平时的言谈举止会渗透到子女的思想

① 缪建东.家庭教育学[M].北京:高等教育出版社,2015:165.
② 闫旭蕾,等.家庭教育概论[M].北京:北京大学出版社,2012:151.

意识中。习近平十分重视教育,他希望家长"重言传、重身教,教知识、育品德,身体力行、耳濡目染,帮助孩子扣好人生的第一粒扣子,迈好人生的第一个台阶"①,他强调"家庭是孩子的第一个课堂,父母是孩子的第一个老师。家长要时时处处给子女做榜样,用正确行动、正确思想、正确方法教育引导孩子"②。然而,有些家长在教育子女时自己没有做到言行一致、表里如一,甚至有些家长在自己犯错的时候蛮不讲理,给孩子造成不良的影响。

访谈中,A 老师表示:"做了这么多年学生工作,我在和问题学生沟通的过程中发现,往往这些学生的家长也是有问题的,跟他们讲不通道理,我告诉他们孩子在学校旷课、迟到,他们一点都不着急,反而觉得学校没管好,来怪我们,真是没办法沟通。"A 老师反映的问题具有普遍性,多位思想政治教育工作者认为,问题的孩子往往出现在问题的家庭,而家长在其中有不可推卸的责任,他们没有以身作则,没有对孩子严格管教,没有使其养成良好的行为习惯,甚至有时还对孩子的错误行为放任自流,听之任之。正如辅导员 C 老师谈道:"我记得我带的年级里有个男生因为沉溺网络而耽误了学业,准备要退学,我联系他爸爸来办理手续,他爸爸竟然说自己太忙来不了学校,而且这件事情不归他管,后来一了解,才知道这位学生的父母早已经离异,监护权给了妈妈,但是平时父母都不太管这个孩子,也难怪这学生现在会变成这样啊。"

三、高校层面的影响因素

(一)高校对激励教育重视程度不够

当前有些高校思想政治教育的主要任务是抓大学生科技竞赛、抓就业,对这些看得见、摸得着的指标数据重视程度高,各个学院会主动落实。对于学生科技竞赛、就业等显性工作,院长书记亲自抓,导师、辅导员、班主任层层抓;但对于激励教育,这些需要长时间积累才能显现效果的工作重视力度不够。前者固然重要,因为这是衡量一个学校培养人才的考核指标,但我们不能忽视,

① 中共中央文献研究室.习近平关于青少年和共青团工作论述摘编[M].北京:中央文献出版社,2017:40.
② 中共中央文献研究室.习近平关于青少年和共青团工作论述摘编[M].北京:中央文献出版社,2017:33.

学生的培养是一个长期的过程,高校要注重对大学生理想信念的引导,价值观、人生观的塑造,通过激励教育,激发他们的进取心、社会责任感。在日常思想政治教育中,不少辅导员对于激励教育的认识不足,激励滞后,仅仅将自己置身于事务性的管理工作中,而对于激励学生的意识远远不够;在很多高校里,老师和学生之间的关系非常淡漠,老师一般一星期来学校上一两次课,上完课以后马上就走,除了上课传授知识之外,很少和学生有情感交流,所以师生关系非常淡漠。当前部分高校中存在的这种极差的环境氛围,严重影响了高校思想政治激励的效果。[1]

(二)教育者缺乏正确的激励教育理念

教育者拥有科学的激励理念是激励教育取得实效的前提,但当前有些教育者还存在理念偏差。

一是有些专业教师、思想政治理论课教师在激励学生时的主体性意识不强。在我国,"教师讲、学生听,教师写、学生抄,教师问、学生答"的教育教学模式和"教师中心"的观点,以及思想政治教育的知识化倾向,都是传统教育的表现。单向灌输是传统思想政治教育的基本模式和主要方法,强制性、单向性是其重要特征,而在主体性理念的指导下,确定受教育者为主体,发挥受教育者的主体性,是现代思想政治教育的基本指导思想。[2] 在传统的"非主体教育"教学模式中,学生的主体意识和能动精神被淡化了。

二是在激励教育的实践过程中,部分教育者重视外部激励而忽视大学生的内部激励。随着西方的理论不断传入我国,有的高校教师只是照搬西方管理学中的激励理论,没有考虑大学生思想政治教育的实际和大学生的特点,没有将激励理论与思想政治教育实践相结合,简单地将外部的奖励激励等同于激励教育,过多地强调外部要求,缺少对学生个体有效的内在激励方式;有些辅导员、班主任对个别有问题学生采取简单的批评教育形式,对于在各项活动中取得成绩的同学,也只停留在发放奖励证书层面,没有对个人进行及时的肯定、鼓励。正如访谈时 D 老师所说的:"大道理学生都懂,你总是用说服的姿态

---

① 王易,张莉.试论激励法在大学生思想政治教育中的运用[J].思想理论教育导刊,2010(7):81.
② 张耀灿,等.现代思想政治教育学[M].北京:人民出版社,2006:276.

去激励,而不真正触动学生内心的话,学生往往就会处于那种知道但做不到的状态。"

三是有些教育者注重群体激励而忽视个体激励,比如学校通过召开全校性的事迹报告会,辅导员、班主任通过组织年级大会、班会等形式对学生实施激励教育,虽然受众面大,但是因为未考虑不同类型学生的需求,学生往往抱以"事不关己,高高挂起"的心态,因此激励的效果大打折扣。正如 B 老师所说:"因为学生人数较多,我们一般通过召开年级大会的形式,但效果不是很好,并不是因为这些名人励志讲座本身不好,而是形式化的东西太多,没有从学生角度去考虑请什么人,当然不会受学生欢迎。"笔者 2016 年的问卷调查也发现,对于群体激励教育的效果,有 65.1% 的学生认为"当时有一定效果,但是事后就恢复原样",认为有"很大帮助"的占 24.7%,而认为"几乎没有作用"的占 10.1%。访谈中,从事了 10 年辅导员工作的 C 老师分析了其中的原因,他指出:"学校的校友及成功人士讲座并不是经常有,一旦组织了,学校就会把观众的组织作为一项硬性指标,让各个学院摊派,这在一定程度上挫伤了大学生的积极性。尽管学校推出了听讲座刷卡积分的鼓励政策,但是由于场地限制,真正能来听讲座的学生非常有限,而且这些讲座的内容大同小异,听一次学生还有兴趣,但是多了,他们也失去了兴趣,没有起到激励的效果。"

从事团委工作的 F 老师也说:"对学生群体的需求了解不够可能是我们最大的问题,因为团委的事务性工作太多,影响了与学生面对面的交流时间。"

(三)公平的环境有所缺失

当前高校的奖励激励仍然以 20 世纪 80 年代设立的奖学金制度为主,其中"评优评先"成为主要激励手段,部分高校的辅导员或班主任以自己的个人好恶或学习成绩或学生干部身份为标准,不能全面公正地考察和评判,未能把公平公正摆在首位,使得评选结果有失公允,有意无意中挫伤了学生的积极性,使学生对"评优评先"失去认同,评优评先的激励作用也就大打折扣了。[①]访谈中,D 老师也认为:"奖学金制度执行要公平公正,才能对学生有激励效果;否则,会挫伤学生的积极性。"由此可见,只有产生公平感时,学生才会心服

---

① 周国辉.大学生激励教育存在的问题及对策[D].武汉:华中师范大学,2012.

口服，心情舒畅；而在产生不公平感时，就会满腹牢骚，破坏积极性。公平是奖励激励得以存在的条件，没有公平，奖励将毫无意义。

四、个体层面的影响因素

马克思主义唯物辩证法认为，事物的发展是内因与外因共同作用的结果，内因在事物发展中起决定性作用。外因通过内因起作用，因此，个体的自身因素是影响大学生激励教育效果的主要因素之一。

一是大学生的认知偏差。总体而言，当代大学生对改革开放以来党和国家的方针政策认同，对改革开放所取得的成就认同，但是一部分人在政治观念上比较淡薄，对社会矛盾缺乏冷静的思考，对复杂的形势缺乏沉着应对的经验。有些大学生在成才意识上比较强，求知欲也很强，但在理想信念上不够坚定，价值取向上往往注重自我，追求倾向于功利化，在道德上缺乏身体力行的实践，将"自我"无限制地扩大，对集体和他人缺少尊重和理解，游离于集体之外，缺乏集体意识和集体荣誉感，缺少担当意识和社会责任感。

在笔者 2016 年的问卷调查中，对于"你上大学主要是为了什么"的问题，大学生的选择比较集中，47.2%的学生选择了能够在毕业后找到一份适合的工作，44.3%的学生是为了找到自己的人生理想和奋斗目标，仅有 6%的学生是为了能够学有所成，报效祖国，这一点要引起重视，这表明当代大学生奉献祖国的意识淡薄。还有 7%的学生选择报答父母的养育之恩。从调查可以看出，大部分大学生的动力系统首先是个人的发展问题，体现了价值取向上的自我性。他们很多人关注的是毕业后找到一份好工作，满足眼前的利益，但没有把个人的理想、自己的发展与民族的振兴、社会的发展的长远理想结合起来。这一调查彰显了大学生思想政治教育者必须正视的问题，即当代大学生以自我为中心的倾向比较明显。这种认知偏差势必影响激励教育的效果。

二是大学生自我激励能力参差不齐。激励教育，最终要将主体的外部激励转化为内部的自我激励，自我激励强调的是个体的自控，而非他人的诱导和干预。但是长久以来，学生在传统激励模式下，被动地接受外在控制与"命令灌输式"的管理，他们的积极性受到一些消极影响，长期的"激励刺激"对于他们的效果逐渐减弱，积极性下降。根据笔者 2016 年的调查显示，部分大学生的自我激励能力不强,有近半数大学生认为自我激励能力一般,占到 47%,很强的只占 9.6%,不太强的占 6.5%,不强的占 3.2%,另有 33.4% 的学生认为比较强。说明大学生的自我激励能力参差不齐。2017 年的问卷调查还发现,激励教育的效果因人而异,一般而言,党员、学生干部的自我激励能力较强,激励教育的效果也比较明显,而对于一些普通学生,自我激励能力相对较弱,没有形成良好的自我激励机制。行为主义学家班杜拉曾指出,自我激励机制是自我控制系统的一个关键环节,它是自我控制系统的核心,而自我控制系统又是组织控制体系的核心,因此,自我激励机制是组织控制体系核心的核心,而且它也是激励教育的基本动力系统。[①] 大学生自我激励能力的强弱直接决定了激励教育的效果,而目前部分大学生的自我激励能力还比较薄弱,需要加强。

三是大学生职业生涯规划意识的缺乏。职业生涯规划,是个人主动自觉地根据社会发展变化需求找寻自己的职业发展,设计自己未来职业的发展,且根据变化做出相应调整。

访谈中,F 老师谈道:"我 2009 年就在学校开始了'职业生涯'的校选课,上了这么多年,我发现很多学生的职业生涯规划意识很弱,有些学生第一节课还认真听,但是后来就开始我行我素,上课玩起手机;有一些同学对职业生涯规划感兴趣,但是反应会比较慢,等到了工作岗位,才发现这个课对他们很有用;只有少部分同学有这个主动意识做职业生涯规划。其实职业生涯意识对大学生的激励教育是非常重要的,很多人定了目标坚持不了,是因为没有做过系统的职业规划,浅尝辄止,而且往往是实现了一个小目标就停下来,可持续的动力不足。"

而对 F 同学的访谈中,也印证了 F 老师所说的缺乏明确的职业规划导致动力不足问题,F 同学说:"在大学里,我会树立一些近期目标,我的远期是想顺利毕业。刚开始我会制定目标,但这个目标最强烈的效果也就只有两三天,过后就没有了。所以目标对我没有什么太大的用,最多有一个总的目标,比如一个学期一个学习目标。"

---

① 俞文钊.现代激励理论与运用[M].大连:东北财经大学出版社,2014:256.

　　从中可以看出,缺乏生涯规划的科学设计会影响大学生个人发展,从而影响其积极性、主动性和创造性的发挥,如果能够越早让大学生找到擅长的领域,制定生涯规划,就越能成就大学生对职业的满足感,就能越早达到激励教育的效果。

第六章　大学生激励教育的优化策略

在新时代背景下,加强和改进大学生激励教育有其必要性和紧迫性。要优化大学生激励教育,首先,要遵循一定的原则,把握好激励教育的方向;其次,要从系统观着眼,创建社会、学校、家庭、个人"四位一体"的大学生激励教育体系;再次,要充分运用信仰激励、情感激励、目标激励、实践激励、榜样激励、奖励激励等方式,不断提升大学生激励教育的实效性。

第一节　大学生激励教育的基本原则

大学生激励教育实施的原则是激励教育过程中必须共同遵循的准则,也是指导激励教育有效运行的保证。加强和改进大学生激励教育,需要在实施过程中明确以下几个原则。

一、外部激励和内部激励相结合

激励教育中,包含内部激励与外部激励。所谓外部激励,即激励者从外部对被激励者施加的激励;内部激励就是确定自我奋斗目标以鼓励自己不断努力、尽快实现目标的活动,是一种高层次的激励。[1] 内部激励是发自内心的一种激励力量。内部激励更稳定、更持久、更有力,是一种主导性的激励。[2]

根据马克思主义内外因辩证关系原理,内因即事物的内部矛盾,外因即事物之间的矛盾。它们在事物发展过程中都是必不可少的,但两者的作用和地

---

[1]　李祖超.教育激励论[M].北京:中国社会科学出版社,2008:93.
[2]　杨芷英.思想政治教育心理学[M].北京:中国人民大学出版社,2014:80—81.

位不同。具体地说,内因是事物发展的根据,决定事物发展的方向,是推动事物发展的动力;外因是事物发展的外部条件,它能加速或延缓事物发展的进程。两者的辩证关系是外因必须通过内因起作用,内因对外因有选择性;外因对事物的发展有重大影响,有时能引起事物性质的变化。但不管外因的作用如何,都必须通过内因才能起作用。因此,可以说事物的发展是内因与外因共同作用的结果。外因是变化的条件,外因要通过内因起作用。

激励是由外界的刺激和内在的需要引起的,而外部的激励手段要通过激励对象的内因,即他的认知、兴趣等因素而产生影响。如果外部激励被内部激励对象所内化和接受,则会成为有效激励,反之,则是无效激励。同样,外部激励是大学生激励教育的外在环境的刺激,是外部的推动力;内部激励是大学生激励教育的内部因素,是大学生激励教育的内驱力。大学生积极性、主动性和创造性的激发,有赖于外部激励和内部激励的共同作用,形成强大的合力。因此,大学生激励教育中,必须坚持外部激励和内部激励相结合,并以激发大学生的内部激励为主。

二、物质激励和精神激励相结合

在激励教育中,处理好物质激励和精神激励的关系是整个激励教育的核心问题之一。物质激励是一种较为直接、有形的激励方式,它的效果比较明显,能有效激发受教育者的积极性,物质激励收效好的一个重要原因是物质是可见的、较为实用的,能够满足受教育的物质需求。马克思主义认为,人有物质和精神的需要,人有对物质利益和精神利益的追求。物质需求是人的第一需求,重视人的物质利益,尤其是现实中个人的利益,及时满足人们的需要和利益是做好思想政治教育工作的第一基础,也是实现针对性、提高实效性的最基本条件。[①] 只有在一定的物质利益基础上考察人的思想,才能真正了解人们思想的内在,因此要适时地开展物质激励。而精神利益是人们从事思想、文化、娱乐等精神层面活动时所产生的利益。精神利益体现了人相对于动物的超越性,它是一切非物质性利益在人的精神需要中的体现,不仅包括人对人

① 万光侠.思想政治教育的人学基础[M].北京:人民出版社,2006:264.

格、尊严、民主等的追求,还包括人的求知欲、情感、爱、信仰需要在现实中的反映。也正是这些精神需要和利益,才是思想政治教育产生和存在的精神性基础。故我们不应当忽略激励教育的目的是让受教育者思想上、精神上有所触动,因为,精神激励在思想政治教育中占主导性的地位,它的效果更为长久和有效,而且精神激励有助于防止单纯物质利益的不良倾向。[①]

　　一方面,在社会主义市场经济条件下,人们对于物质有较高的需求,大学生仍处在成长阶段,绝大部分学生尚不能在经济上独立,作为消费者,适当的物质激励会使一些得到奖励的学生拥有成就感和自豪感,从而达到持久的激励效果,特别是对于一些生活上相对困难的大学生,能获得奖助学金对其提高学习和工作的积极性有显著的促进作用。另一方面,要防止简单的物化激励和忽视激励教育的精神价值,不能简单用物质奖励代替精神激励,也就是要在物质奖励的同时强化精神激励的引导性功能。同时,物质生活水平越高,人们对精神的、思想的、政治的需求就愈加高级愈加强烈。当代大学生担负着建设社会主义现代化国家的重任,更需要对其进行共产主义理想信念、爱国主义等的精神激励。根据俞文钊教授的物质与精神同步激励理论,只有当物质激励与精神激励都处于高值时才有较大的激励力量。如果其中任何一种激励处于低值时,都不能获得较大的激励力量。同理,在激励教育中,要兼顾大学生的物质利益与精神利益,发挥物质激励和精神激励的作用。

三、认知激励和情意激励相结合

　　传统思想政治教育采用灌输模式,这种灌输教育主要针对学生的认知系统,偏重对大学生知识层面的传授和理性的培养,给他们灌输大量的政治理论知识、做人的道理和纪律要求,其中有一部分是为了管理和约束学生的行为,缺少对大学生情感的培养,常常会使学生处于被动地位,效果往往不理想,甚至导致学生反感。而激励教育直指学生的情意系统。心理学表明,学习是个复杂的心理过程,它由认知系统和情意系统构成。灌输教育只注重认知系统而忽视情意系统,这是制约思想政治教育效果提高的症结之一。认知系统本

---

　　① 刘新庚.现代思想政治教育方法论[M].北京:人民出版社,2006:234.

身无所谓积极性,它的积极性来自情意系统,只有情意系统的参与,认知系统的积极性才能发挥作用。

激励教育要自始至终都把情意系统作为教育过程中的主攻方向,旗帜鲜明地把目标指向学生的需要、情感动机。脑科学也告诉我们,人脑通过它独特的机制,把我们的情绪情感与认知思维功能紧密联系在一起。它们之间存在着相互交融、相互依存、相互引发的关系。任何将积极的情感体验和认知活动分离的做法,都必将导致人性的扭曲,大脑功能发挥的严重受限。① 当代大学生的情感世界是丰富的,无论是哪种激励教育方式都要以情感激励贯穿其中,如果教育者只会采取认知方面的激励,而缺少"情",就会变成枯燥的、乏味的说教,学生只有在"情感"的感染下才能收到事半功倍的效果。正如人本主义心理学所强调的,要重视学生的情意教育,即注重学生情感的发展,培养学生的态度、品德、价值观念等;提倡以学生为中心的教育理念,重视学习者主动性、意识、情感和价值观等心理因素的作用。② 人本主义代表人物罗杰斯认为教师应像治疗者对来访者一样对学生产生共情式理解,从学生的内心深处了解学生的反应,敏感地意识到学生对教育的看法;要信任学生,并同时感受到学生信任,这样才会取得理想的教育效果。正如现代教育家蔡元培曾说:"人人都有情感,而非都有伟大而高尚的行为,这是由于情感推动的薄弱。要转弱为强,转薄为厚,就有待于陶养。"因此,在开展大学生教育时,要注重将认知激励与情意激励相结合。

第二节　大学生激励教育的体系构建

2017 年 9 月,中共中央办公厅、国务院办公厅印发《关于深化教育体制机制改革的意见》中,其明确提出,要加强学校教育、家庭教育、社会教育的有机结合,构建社会、学校、家庭共同育人的格局。大学生激励教育的开展,离不开社会、学校、家庭的协同推进,更离不开大学生个体的自我管理,因此,要提高

---

① 岳晓东,等.雕塑你的大脑[M].上海:上海书店出版社,2016:43.
② 张传燧,等.解读人本主义教育思想[M].广州:广东教育出版社,2006:47.

大学生激励教育的效果,就要创建个人、学校、家庭、社会"四位一体"的激励教育体系,其中包括正确的思想政治教育的激励理念、激励方法和激励教育的保障机制。在这套激励教育体系中,要做到高中的激励教育与大学的激励教育有机衔接,学校的激励教育与家庭、社会的激励教育相协同。

一、营造社会正向的激励教育氛围

(一)发挥模范人物的榜样示范效应

班杜拉的社会学习理论告诉我们,榜样是非常重要的激励因素,人们通过观察学习,短暂的榜样示范就能够被保持在长时记忆中。道德模范人物是一定社会核心价值观的人格化,存在于社会现实之中,有着广泛的代表性,他们富有奉献精神而有情有义,凡人善举中蕴含着高尚的道德品质,他们更是情感丰富的活生生的个人或群体。他们的先进事迹和价值观蕴含着当今社会所积极倡导的主流价值取向,他们是社会主义核心价值观的坚定信仰者、积极传播者和模范践行者,体现着一定社会所要求的世界观、人生观和价值观。① 因此,我们要充分挖掘不断涌现出的时代先锋和精神楷模,在全社会营造向上、向善的氛围,激励人们奋发有为,凝聚起实现中国梦的强大精神力量。近年来,全国各地涌现了各类平民英雄,他们的事迹更易让人们接受和效仿,例如杭州的"最美现象"。

案例 6-1:"最美现象"从"盆景"变为"风景"——杭州"最美现象"经验向全国推广②

近年来,杭州通过加强公民道德建设,推动社会主义核心价值体系内化于心、外化于行,营造出良好的社会风尚。杭州市委注重传承和弘扬优秀历史文化,把忠、孝、仁、义、礼等传统美德写入文件,在历史文化熏陶中增强道德情感。在全市开展"我推荐、我评议身边好人"活动,连续多年举办"平民英雄""十大美德阳光少年""感动杭城十佳优秀教师""十佳好婆媳""十佳公务员"等

---

① 李春山,等.社会主义核心价值观大众化研究[M].北京:人民出版社,2017:143-144.
② 杭州"最美现象"经验向全国推广[EB/OL].http://www.hangzhou.gov.cn/art/2015/3/23/art_806178_117253.html.

评选表彰活动,引导人们崇德向善、见贤思齐。涌现出吴菊萍、吴斌、黄小荣等一批来自普通岗位的先进典型,感动了杭州,感动了全国,他们被人们誉为"最美人物"。杭州"最美现象"已从"盆景"发展成为"风景",并从"风景"变成"风尚"。

"最美现象"无疑是社会榜样激励的鲜活体现和实践形态,最美人物作为先进分子的代表,以其时代性、形象性、可亲性、可模仿性的特点和独特的优势成为激励教育的重要内容。充分挖掘这些资源,能够增强大学生对激励教育的认同感,有利于在大学生中产生共鸣,使其在耳闻目睹的榜样事迹中获得启迪。

(二)发挥媒体舆论的正面导向作用

2016 年 2 月 19 日,习近平在北京主持召开党的新闻舆论工作座谈会。他在会上强调,新闻舆论工作各个方面、各个环节都要坚持正确舆论导向。各级党报党刊、电台电视台要讲导向,都市类报刊、新媒体也要讲导向;新闻报道要讲导向,副刊、专题节目、广告宣传也要讲导向;时政新闻要讲导向,娱乐类、社会类新闻也要讲导向;国内新闻报道要讲导向,国际新闻报道也要讲导向。习近平强调了"团结稳定鼓劲、正面宣传为主"是党的新闻舆论工作必须遵循的基本方针。同时,要挖掘传统媒体和新媒体的资源,对社会当中的好人好事、榜样人物、国家发展等进行广泛宣传,弘扬民族精神和时代精神,把中国梦、社会主义核心价值观融入媒体宣传中,坚持正面导向,建立起主流意识形态的主阵地。马克思曾提出:"理论一经掌握群众,也会变成物质力量,理论只要说服群众,就能掌握群众;而理论只要彻底,就能说服人。所谓彻底,就是抓住事物的根本。但是,人的根本就是人本身。"[①]这说明,科学的世界观、价值观和人生观,需要从外部灌输到人的头脑当中,而媒体就是其中一种非常重要的介质。我们要用好大众传媒和网络新媒体,通过显性传播与隐性传播将新时代中国特色社会主义思想传递到千家万户,促成真正的入脑入心。

---

① 马克思恩格斯文集(第 1 卷)[M].北京:人民出版社 2009:11.

二、创设家庭积极的激励教育环境

(一)重视孩子道德品质的培养

习近平曾指出,家庭是社会的基本细胞,是人生的第一所学校。不论时代发生多大变化,不论生活格局发生多大变化,我们都要重视家庭建设,注重家庭、注重家教、注重家风;家长要时时处处给孩子做榜样,用正确的行动、正确的思想、正确的方法教育引导孩子;要善于从点滴小事中教会孩子欣赏真善美,远离假恶丑。习近平在会见第一届全国文明家庭代表时强调,"家长特别是父母对子女的影响很大,往往可以影响一个人的一生","作为父母和家长,应该把美好的道德观念从小就传递给孩子,引导他们有做人的气节和骨气,帮助他们形成美好心灵,促使他们健康成长,成大后成为对国家和人民有用的人"。他希望:"广大家庭都要重言传、重身教,教知识、育品德,身体力行、耳濡目染,帮助孩子扣好人生的第一粒扣子,迈好人生的第一个台阶。"[1]良好的家风家教不仅成就一个人良好品质的塑造,更是培育和弘扬社会主义核心价值观的关键和基础。同样,积极进取的家风也是大学生激励教育的基石和土壤。

(二)创造正面鼓励为主的家庭环境

苏联著名教育学家苏霍姆林斯基曾说过,人的全面发展取决于母亲和父亲在儿童面前是怎样的人,取决于儿童从父母的榜样中怎样认识人与人之间的关系和社会环境。家庭是大学生成长的重要环境,父母的言传身教是大学生最好的榜样,对大学生的发展起到潜移默化的作用。因此,要在家庭营造一种正面的、积极的激励教育环境。

首先,家长要尊重孩子,把他们看成一个独立的成年人,改变权威式、专制式的教养方式,以民主的方式和孩子探讨当前的生活、学习和将来的工作问题,营造和谐的家庭氛围,多以鼓励而非责骂的方式激励孩子。一位美国教授曾使用一种能量测定器,来证实正面的夸奖与肯定比责骂与否定更有效果。他一直以测定器研究学生课业与疲劳的关系,结果发现夸奖与肯定对消除疲

---

① 中共中央文献研究室.习近平关于青少年和共青团工作论述摘编[M].北京:中央文献出版社,2017:40.

劳非常有效。在测定中,他们对用功写作业而疲劳的学生说:"哇! 你做得很好! 你真能干!"结果发现,因疲劳而下降的测定热量曲线一下子升了上去。相反,当学生受到责骂和嘲笑时,那曲线就会明显下降。测定器的指针表明:一方面,通过夸奖和肯定可以消除疲劳,使用功的效率上升;另一方面,责骂与否定只能得到相反的效果。

其次,家长要以激发孩子的兴趣为主,英国教育学家斯宾塞在快乐教育法中提出,要关注孩子的思维能力、学习方法,关注孩子的兴趣和好奇心,即激发孩子内在的动力系统。他提倡尽量鼓励孩子去自我发展,引导孩子自己去探索,自己去推论,给他讲的尽量少些,他们自己做的应该尽量多些。斯宾塞指出,所有的父母不要太看重孩子的考试分数,而应该更多地关注孩子的思维能力、学习方法,关注孩子的兴趣和好奇心。斯宾塞认为,填鸭式教育是建立在假定知识就是一切的基础上的,它忘记了比知识更重要的是组织和运用知识。

最后,家长可以采取多种激励手段,将精神激励与物质激励相结合,不以单纯物质奖励作为主要的激励手段,要充分利用传统的家庭教育方式,如家长可以通过写家书等形式与子女做心理上的沟通,将精神激励的内容蕴于文字之中,让孩子体会到父母的关爱和期望,激励孩子良好个性的成长、品德习惯的养成,从内心激发孩子的积极品质。

三、构建高校"三全"激励教育系统

华东师范大学教授熊川武的全面激励理论认为,"一个激励系统应当包括人、时、境等要素,同时注意协调好各要素的和谐关系,以达到最优激励。人,即激励主体与客体;时空,即激励过程与相应环境;方式与内容,即把精神激励渗透到激励的各个层面,实施全员激励、全程激励和全素激励。全员激励是指动员全体师生员工参与激励,形成他励、自励、互励统一的格局;全程激励,按照激励本身的心理过程和管理活动过程进行激励活动,形成相对完整的周期;全素激励,利用一切可以利用的激励手段鼓舞师生员工,在继续坚持物质、精神激励的前提下,不断谋求新的激励手段"[①]。熊川武还提到,所谓"全面"是针

---

① 熊川武.学校管理心理学[M].上海:华东师范大学出版社,1996:35-47.

对全员激励、全程激励和全要素激励各方面的所有组成的"全面问题"圆。同样,要优化大学生激励教育,就要调动一切可以调动的力量,发挥教育主体的主导作用,运用一切可以利用的激励手段,将激励教育贯穿于大学生涯的整个过程,健全高校全员、全程、全素的"三全"激励教育系统。

（一）建好激励教育的教师队伍——全员激励

教师是大学生激励教育的主体,对大学生正确的思想观念形成、行为规范的养成起到非常重要的作用,习近平在 2018 年 5 月 2 日与北京大学师生座谈时明确提出:"教师队伍素质决定着大学办学能力和水平。建设社会主义现代化强国,需要一大批各方面领域的优秀人才。这对我们教师队伍能力和水平提出了新的更高的要求。"[①]他站在新时代坚持中国特色社会主义的政治高度,指出了"国家发展、民族振兴、教育发展,需要我们培养一支师德高尚、业务精湛、结构合理、充满活力的高素质专业教师队伍,需要涌现一大批好老师"[②],"教师是立教之本、兴教之源,承担着让每个孩子健康成长、办好人民满意教育的重任"。

在大学生的成长成才过程中,作为激励教育主体的高校教师发挥着不可替代的作用。因此,建好激励教育的教师队伍,提高教师的综合素质和能力显得尤为重要。

首先,高校要重视激励教育,树立科学的激励理念。高校教师要重视激励教育,加强激励教育相关理论的学习,树立"每位教师都要具备激励的能力,每位学生都需要激励,每个学生都可以被激励"的理念。激励是一种先进的管理手段和方式,对于高校教师,要把激励教育的方法融入教育教学中,充分调动和激发学生的积极性和主动性;要学会利用各种有效激励手段,提升学生的思想道德素质,强化学生的正向行为。正如访谈中辅导员 E 老师谈道:"激励能力应该成为辅导员的核心竞争力。我想很多时候,作为辅导员的我们,并不一定要比学生懂得更多。但有一项能力是很必需的,那就是激发学生潜能的能力。通过全身心的倾听和有力的发问,让学生找到自己的目标和方向,这在无

---

① 习近平.在北京大学师生座谈会上的讲话[N].人民日报,2013-09-10.
② 习近平在全国高校思想政治工作会议上强调 把思想政治工作贯穿教育教学全过程　开创我国高等教育事业发展新局面[N].人民日报,2016-12-09.

形中也调动了学生的内在驱动力和实现目标的自信心。除此之外,我们要学会抓住关键时机去鼓励、肯定学生。有一种说法,叫一个人受到了 5000 次肯定才能建立起自己的自信。为此,我们要善于在平时的学习、生活中,发现学生身上的闪光点,并及时给予肯定,我想这样肯定的累积会成为学生成长的巨大助力。马云说,相信年轻人就是相信未来。是的,当辅导员相信每个学生都能做到最好的自己,都已经具备做好事情的能力和资源,学生一定能从我们的相信中获得力量,更快成长。"

其次,高校要创设公开、公正、公平的激励环境。美国心理学家亚当斯的公平理论认为,个体感觉到他或她的总投入(如工作时间、绩效等)与从组织中得到的回报等于或者超过其他人,那么他们就会认为是公平的,甚至是令人愉悦的。如果情况相反的话,将会造成个体因回报不足而引起的不公平感,这种状态会导致个体减少工作投入。① 因此,激励作为奖励人们良好行为、调动积极性的重要手段,关键是要做到公平、公正、公开。在大学生激励教育中,根据公平理论,高校应该健全评优评奖制度,严格把关申报程序,对弄虚作假、以权谋私的不良行为予以纠正,总之,高校教育者在激励时要努力营造一种公平、公正、公开的激励氛围,避免激励出现人为的有失公正。

最后,高校在激励教育过程中要掌握正确的激励方法。激励教育是一种常用常新的教育方法,随着时代的发展,价值观的多元化、社会环境的开放性以及现代化技术手段的不断更新,激励教育也面临着新的问题。习近平在2016 年 12 月的全国高校思想政治工作会议上提出"因事而化、因时而进、因势而新"的"三因"理念,为激励教育的开展指明了正确的方向。

一是要因事而化,采用不同的激励内容。大学生激励教育具有周期性。同样,大学生思想政治教育中的激励教育也要把握周期性。根据大学教育管理的特点和学生学习、生活、工作的特点,可以将大学生分为低中高三个不同的层次。低年级是激励教育的旺盛期,这是因为大一学生刚从高中进入一个新的环境当中,对大学生活有新的期待和憧憬,有些大学生还处于迷茫的状态,他们希望得到目标上的引导,情感上的关怀。此时,如果教师能够开展目

---

① 布鲁克斯.组织行为学:个体、群体和组织[M].李永瑞,等译.北京:高等教育出版社,2011:80.

标激励和情感激励,会收到明显的效果。高校会出现"大二"现象,也就是到了大二之后大学生的学习积极性下降,原因之一是高校比较重视新生的教育引导,但到了大二、大三处于放任自流的状态,此时大学生对自我成长成才的要求十分迫切,又没有像大一那样强度的教育,周期呈现递减趋势,激励周期处于快速消退期,此时的大学生两极分化明显。自觉的、自我激励能力强的学生已经步入正轨,朝着自己设定的目标努力,而一些缺乏自我激励能力的大学生,很可能整日无所事事,上网打游戏,逃课等,期末成绩挂科,出现种种问题,因此这类学生是激励教育的重点人群。高年级是激励教育的完善期。大四面临毕业,对于激励教育尤为迫切,大学生对于自身能力的提升有强烈的需求和动力,比如会去找一些兼职,学习新的技能,考相应的资格证书等。此时,激励教育要把引导大学生树立正确的择业观、职业观作为重点内容。

二是要因时而进,把握最佳的激励时机。在大学生发展的各个时期,教育者要善于抓住时机,及时激励。激励教育的时效性是指教育者对受教育者进行激励时要及时,做到"赏不逾时"。如果受教育者行为表现优异,获得了荣誉和成绩,或是取得了一定的进步,这一时机就是激励的最佳时机,教育者要予以及时的表扬、肯定和鼓励,这样会使受教育者精神倍受鼓舞,从而进一步提高受教育者的主动性,强化受教育者积极的积极行为。心理学表明,在人渴望获得某种事物时予以满足,则该事物在人的心理上会有较高的价值。掌握好激励的时机,会使激励功能明显增强。[①] 相反,如果教育者对此视而不见,或是延迟激励,则有可能会使受教育者产生挫败感,影响其积极性的发挥。心理学研究也进一步表明,及时激励的有效度为80%,滞后激励的有效度为7%,激励及时才能取得较好效果,而激励教育比一般激励更强调时机,激励教育必须抓住最佳时机,及时进行激励,这样效果才会好,否则,错过了时机,激励效果就会大打折扣,甚至毫无作用。[②] 可见,激励教育具有很强的时效性。因此,激励教育的时效性就要求教育者平时多观察学生、了解学生、深入学生,善于发现学生的"闪光点",并能适时地抓住"闪光点",予以表扬和鼓励,增强学生的

① 俞文钊.现代激励理论与运用[M].大连:东北财经大学出版社,2014:82.
② 李祖超.教育激励论[M].北京:中国社会科学出版社,2008:190.

自信心和积极性。

在访谈中,具有多年学生工作经验的 D 老师提到要把握好几个时机:"抓住'梦想'确立之'时',大一新生对即将开启的大学之旅充满了憧憬和期待,但大学该如何度过,大学期间为今后人生发展打下什么样的基础,诸如此类问题,很多同学却不是很清晰。做好新生始业教育,帮助学生树立成长目标,进行目标激励就显得尤为重要;还有当学生有一些进步的时候,你适当地鼓励、肯定,这个时候的激励效果尤为明显。在激励教育工作中,诸如此类的'时'还有很多,需要我们去摸索并抓住;一旦错过,则'发然后禁,则扞格而不胜。时过然后学,则勤苦而难成'。"

三是要因势而新,创新有效的激励载体。当代大学生生活在数字化时代,互联网高速发展,信息瞬息万变,他们追求的是新奇、刺激的新鲜事物,他们是新时代网民。激励教育如只采用传统媒介已显乏力。因此,要增强激励教育的吸引力,就找到大学生易于接受的活动载体,利用网络开放性、交互性、资源共享的特点,占领网络思想政治工作新阵地。信息化时代,高校教育工作者要充分利用网络这一载体,发挥激励功能。在日常的思想政治工作中,高校要善于利用新媒体技术,通过开通官方微博和微信公众平台以及其他新媒体平台等方式对大学生开展思想政治教育,同时还要注重和学生的互动,积极引导舆论走向,营造良好的激励氛围;辅导员、班主任可以开通实名微博和微信,通过线上和线下的交流方式,主动了解学生的个性,掌握学生的思想动态,实现师生之间及时性、便捷性、多向性沟通;班级可以建立 QQ 群或者微信讨论组,使同学畅所欲言,互帮互助。

案例 6-2:"红色微博",拥有粉丝 58 万[①]

微博是当今最流行的网络传播平台之一,深受 90 后大学生喜爱,于是,与时俱进的刘进开始琢磨如何跟上"微时代"的步伐。

2010 年 11 月 2 日,华中农大经管学院携手新浪打造了全国高校首个"红色微博"——华中农业大学红色微博。上线以后,刘进和他的小伙伴们组织成

① 刘进.做一辈子辅导员,也愿意[EB/OL]. http://www.xinhuanet.com//politics/2015-03/24/c_127614138.htm.

立了专门的工作团队和工作室,不断调整内容和形式。一时,"红色微博"受到社会广泛关注,先后走进《半月谈》《党员生活》及其他媒体。"红色微博"在传播党史知识、引导时政关注、扩大典型宣传、营造读书氛围等方面发挥了积极而不可替代的作用。目前,红色微博拥有粉丝数58万,已成为网络思想政治教育的重要阵地,影响了一批批的大学生。该校经济学1101班学生万娟娟是红色微博的第四任负责人,之前她的大学生活很普通,爱美、爱逛街、爱刷微博,从关注红色微博到成为一名活跃粉丝,她也被红色微博潜移默化地影响着,她的大学生活也随之改变。她先后随社会实践团队前往贵州支教,参加创新创业比赛,成果丰硕,还获得2014年楚天青年大学生创业大赛一等奖,"创青春"全国大学生创新创业大赛湖北省金奖、全国银奖等。"我们下一步就是将微信和微博两者结合起来,使两者相互融合,相互推动,最终形成红色新媒体的系列和阵营。"刘进说。

微博、微信等新型的网络平台,给思想政治教育带来了新的机遇,上述案例就是教育者在思想政治教育中,充分利用网络新媒体,创新激励教育的有效方式。教育者通过线上线下的互动,拓展了思想政治教育的空间,也增强了激励教育的凝聚力、吸引力和影响力。

(二)做好激励教育的衔接——全过程激励

一是做好高校与高中激励教育衔接。高校与高中在学习方式上、课余安排上和人际交往等方面有很大的差异,大学新生进入高校后会有一段适应期。此时,思想政治工作者应做好与高中激励教育的衔接,针对大学生的心理需求开展激励教育。有研究显示,大学新生心理需求由强到弱主要集中在人际交往需求、成就目标需求、学习方法需求、影响力需求等四个方面。特别要注意新生优势需要——人际交往需求的满足,建立学生对同学、班主任、教师、班级、专业、学校的积极情感,是大学新生适应学校的关键前提。[①] 加上这一时期,高考给他们带来的激励作用逐渐消失,如没有确立新的目标,容易出现新生的"迷茫期"。竺可桢校长到浙大后曾向学生提出了两个问题:第一,到浙大

① 胡朝兵,毛兴永,张兴瑜.大学新生心理需求调查与对策探讨[J].当代教育科学,2010(23):49—50.

来做什么？第二，将来毕业后要做什么样的人？这两个问题让学生思考在大学中应该树立什么样的目标，把自己塑造成什么样的人，通过思考这些问题，激发学生学习的内在动力。因此，要让大学生明确自己上大学的目的，以积极向上的目标引导大学生。在新生入学时，高校可以充分利用开学典礼、毕业典礼、校庆等重大的庆典对大学生开展激励教育。在典礼活动中，可以邀请学生喜爱的嘉宾，发表具有教育意义而又不失感染力的演讲，提高典礼的文化品位；可以采用电子屏等现代化媒体手段，展现学生拍摄的视频，如开学典礼时可以播放介绍学校的视频，也可以对典礼进行现场直播，让大学生的家人分享这一重要的时刻。

案例 6-3：江苏一校长开学典礼讲话走红：写了一个月 用百个"新"贯穿[①]

作为大学第一课，开学典礼上校长的讲话，对大学生的成长有着重要意义。2017 年 9 月 12 日，校长宁晓明在开学典礼上"从心选择，从新出发"的讲话受到了广大师生好评，引起了媒体和社会的广泛关注。

宁晓明校长的讲话一经媒体报道和网上公布，立刻引起了广大网友的热议，网友们纷纷围观并留言点赞。仅连云港当地各类微信公众号上的报道，阅读量便达 20 余万人次，留言数百条。有的校友留言说，"看完演讲稿，非常感动，很是怀念母校，校长很亲民很务实很有才"，"为宁校长点赞，为母校骄傲！学弟学妹们真幸福，要记住大学中学习最重要"。各地校友会也在微信群里进行了广泛转发和深入讨论。有的校友感慨道："看了宁校长的讲话，真的很想再次回到母校体验一下大学生活，好想再到课堂上听一堂老师的课。"有人自豪地说："这可不是别人家的校长，这是我们学校的校长，淮工的校长，以后再也不羡慕别人家的校长了。"

不少新生家长通过学校的"和直播"或网络平台关注了宁晓明校长的讲话。有的家长留言道："宁校长的讲话我认真读了好几遍，我最大的感受是感动！这些讲话是做父母对孩子的殷殷期盼，有这样的校长带着孩子们前行，如何能不放心？"有的家长说："校长的讲话讲到家长的心坎里去了，作为 2017 级

---

① 江苏一校长开学典礼讲话走红：写了一个月 用百个"新"贯穿[EB/OL]. https://www.thepaper.cn/newsDetail_forward_1793676.

新生家长,祝愿孩子学习有更大的进步,学校事业有更大的发展……讲话既有正能量的鼓励之词,又有契合当下的潮流语言,一改沉闷的风格,变得亲切随性。为讲话点赞,为学校点赞。"校长讲话中提到的那位新生家长李云贵则直接给宁晓明校长发来微信说:"宁校长的讲话真诚实在,接地气、通人气,连古今、通内外,将希望和要求向孩子们娓娓道来,如朋友般交心,让家长放心。"

新生开学典礼,是做好大学与高中激励教育衔接的重要节点,一次充满正能量的开学典礼犹如激励教育的宣言书,在入学伊始就能激发起学生对大学生活的美好向往和向上的追求。在开学典礼中,校长应充分运用演讲激励,上好大学生的开学第一课,将学校的核心价值观传递给每一位新生。

二是做好高校与家庭激励教育的衔接。高校要重视发挥家校的合力,共同推动激励教育的开展。家庭和学校在孩子的教育问题上彼此互补又不可替代,只有形成合力才能实现双赢。二者的教育特点和优势主要表现在:目标的同向性、时空的延续性、优势的互补性。学校教育的优势在于教育活动的计划性、教育内容的系统性、教育方法的科学性以及有专门的教育教学场所和设施,而家庭教育的优势在于特殊的亲子关系和长期的共同生活,使孩子无论在物质上还是精神上都对家庭存在一定的依赖性,进而使家庭教育更具针对性和权威性。[①] 近年来,部分高校做了有益的尝试,如利用新生开学、毕业典礼、家长接待日、家长论坛等形式,让家长参与到学生的活动中来,不仅让家长感受到孩子的成长变化,而且也能充分发挥家长的激励教育功能。

(三)做好针对性的激励教育——全方位激励

首先,了解学生的不同需求,实施精准激励。在开展激励教育整个过程中,要以生为本,从学生不同的需求出发,针对不同类型的学生采取不同的激励教育方法,注重激发学生的潜能。马克思主义需要学说中提出了人的需要具有多样性和层次性的特点,因此,我们在激励教育中,要运用人的需要理论对大学生的需要做更深入的分析,重视在激励教育中满足大学生的合理需要,使需要更好地发挥其原动力的作用:一是要满足大学生内在的合理需要。一方面,我们要将物质激励和精神激励相结合,脱离物质利益便是唯心论;另一

---

① 徐蕾,郭智芳.高校家校合作育人新模式的构建[J].思想教育研究,2012(2):94.

方面,我们要防止过多地强调外部需要而忽视人的内在需要,这样只会导致思想政治教育工作效率低下,难以发挥调动大学生的积极性。二是根据需要的层次性原理,当大学生的物质需要得到相对满足的时候,精神需要就会日益凸显,开始要求获得自我价值的实现。因此,激励教育要最大限度地满足大学生的精神需要,充分利用精神激励的效应激发人的内在精神追求。同时,针对不同层次的人群以及不同层次的需要,有针对性地加以满足,并逐步引导他们提高自身的需要层次。三是人的需要及其满足是一个动态的辩证发展过程。人的需要是伴随着物质生活水平的提高逐步由低层次到高层次的,它不以人的主观意志为转移的。因此,思想政治教育者要以发展的眼光看待大学生的需要问题,在实施激励教育的过程中,全面地了解大学生的需要,深入地研究大学生的需要,尽可能地为满足他们的需要创造有利条件,帮助他们实现自身的合理需求。

正如从事学生工作十余年的 A 老师谈道:"对于小部分有目标、成绩优秀的学生来说,传统的激励方式,如评优、表彰有较好的激励效果,但对于大多数中后段的学生来说,效果不佳。学生的特点不同且发展方向多元化,可以采用不同方式激励,争取'百花齐放'的效果。"

担任了多年辅导员工作的 D 老师也说:"辅导员工作做得比较多的是引领和激励学生。让学生朝着梦想努力是辅导员更应该关注的工作。我是继续教育学院的辅导员,他们更加特别,很容易自暴自弃。我当辅导员 9 年,担任班主任 8 年,我感觉对学生的激励无处不在,比如老师对学生的激励作用就很大。好的老师充当精神支柱,可能比父母更好。要善于发现学生身上的闪光点,不过前提是了解学生,深入学生。"

其次,针对不同类型学生,运用不同的激励方法。曾仕强在《最有效的激励艺术》中指出:"权就是变通,叫作权宜措施。激励的原则不变,方法却应该随机应变。个人有不同的需要,各层级也有不同的需求,时间变更、场合变动,就应该合理变通。激励的反应,如果不如预期的好,也应该适当调整,以求制宜。情势比人强,情势改变,激励也要变,一切因时、因地、因人,顺势应变以求有效。激励的权,必须变化而且有持续,变得有原则,大家才不会怀疑与憎怨。但是持续中要有合理的变化,才是真正的持经达权、随机应变。"因此,激励教育不是一成不变的,需要教育者根据不同学生的实际采取相应的激励策略。①

本书的调查也表明,性别、专业、学生干部经历、政治面貌、大学类型等因素对大学生激励教育的效果有明显差异。因此,对不同层次的大学生,要针对性地开展激励教育。例如对于思想上进,自觉地递交入党申请书,有入党要求的大学生来说,要对其开展入党启蒙教育,灌输党的理论知识、方针政策,通过定期开展党务培训、提交思想汇报、谈话谈心等形式,强化入党这一政治目标的激励作用,形成正确的入党动机,坚定社会主义的理想信念;针对有较高思想觉悟的学生党员,不要仅仅依靠简单说教、读文件、读领导讲话来让他们感受到身为党员的责任,而是要用他们听得懂、愿意听的内容,跟他们进行平等的交流互动,用身边人、身边事感化他们,引领激励当代大学生成长成才。在此方面,有些思政工作者已经为我们树立了典范。例如南京航空航天大学能源与动力学院党委副书记徐川同志为回答学生提问所写的《我为什么加入中国共产党》一文,通过其个人微信、微博"南航徐川"推送后,即被大量转发转载,引起了广大青年的关注和热议。这篇旨在教育引导青年学生端正入党动机的文章,语言朴实,事例生动,情感真挚,对于教育引导党员坚定理想信念、进一步做好新时期思想政治工作具有很好的借鉴意义。中央电视台新闻联播、焦点访谈以及《人民日报》等媒体对他的先进事迹进行了报道,"徐川思政工作法"在全国高校得到推广。

此外,对于注重学习的优秀学生,教育者要引导其制定更高的学习目标,例如争取奖学金、优秀生荣誉称号,也可鼓励其考取硕士研究生继续深造;而对于一些特殊学生,思想政治工作者要贴近学生,准确把握他们的需求,了解他们的兴奋点、兴趣点,精准激励。

在访谈中,B老师提到一个辅导员对学生开展激励教育的成功案例:"去年我们学院有个学生沉溺于网络游戏,学习不努力,成绩很差。辅导员找他了解情况之后,发现他的科研能力很强,动手能力不错,所以就动员他参加挑战杯的比赛,后来他的这个团队还拿了省特等奖。对于学生工作者,能够通过激励教育挽救一个这样的学生,真是觉得很有成就感。其实还有很多这样的例

---

① 曾仕强.最有效的激励艺术[M].北京:北京联合出版社,2011:138.

子。"因此,辅导员通过了解学生的特点,挖掘学生高层次的成才需求,激发其内在的潜能,能够起到事半功倍的效果。

四、提升大学生个体的自我激励素养

做好外部激励向内部激励的转化。自我决定理论认为,人的行为受到诸多外在环境的影响,有消极影响和积极影响。该理论强调人主要有两类行为动机:内部动机和外部动机。[①] 其中,内部动机是自我决定理论的核心。内在动机是指人在做某种行为时,是出于对这件事情的热爱,认为这件事情是有内在价值的。个体的内在动机的形成与三种心理需求相关:自主性、能力性和人际性。[②] 自主性需求是指个体希望获得自我决定的能力和自我选择的能力,即获得高的主观能动性。能力性需求是指个体感觉自己有能力在一些领域获得好的成绩。人际性需求是指个体希望与他人建立好的关系,获得他人的关心和帮助。如果个体认为做某件事情能够满足其这三类心理需求,他就具有内在动机。外在动机是指人在做某种行为时,是受到外在惩罚、权威的命令或奖励的影响,而不是出于对这件事情的热爱。外在动机是为了获得这些外在奖励,比如说金钱、名利,或者避免受到惩罚,比如说父母的责备,老师的批评等。[③] 自我决定理论强调人是主动的有机体,寻求的最佳激励状态是内在动机。自我决定理论认为,有强烈内部动机的人,能够勇于探索,主动学习,从而在学习和事业上获得好的发展。

从自我决定理论中我们可以得到启发,大学生激励教育要注重激发大学生的内部动机,满足其自主性、发展性、人际性的需求,提升自我管理、自我发展的能力。因此,思想政治教育工作者要开展激励教育,就要把握好外部激励和内部激励的关系,通过目标激励、情感激励、榜样激励等方式充分激发大学

---

① Deci E. L., Ryan R. M. The "What" and "Why" of Goal Pursuits: Human Needs and the Self-determination of Behavior[J]. Psychological Inquiry, 2000(11): 227-268.

② Deci E. L., Ryan R. M. Motivation, Personality, and Development within Embedded Social Contexts: An Overview of Self-determination Theory. In Ryan R. M. (ed.). The Oxford Handbook of Human Motivation[M]. Oxford: Oxford University Press, 2012: 85-107.

③ Ryan R. M., Deci E. L. Self-determination Theory and the Facilitation of Intrinsic Motivation, Social Development, and Wellbeing[J]. American Psychologist, 2000(55): 68-78.

生的主动性动机,不断提高大学生的自我激励能力。

案例6-4:个性化的目标激励助大学生成长成才

小管同学高考成绩在班里属于中等偏下水平,针对此种情况,班主任及时与他谈心,在了解了他想有所改变的想法后,认真帮助他分析自身的优势,协助他确定明确的目标——考研。作为理科生,他的第一目标是把数学学好,所以在数学上投入较多的精力。通过不断地做数学竞赛题,他的数学水平有了很大提高,并在一次全国数学竞赛中获得了一等奖。在实现这一目标后,为了进一步拓展自己的综合素质与能力,他给自己确定了新的目标——加入学生会,最终通过竞选成为学院的学习部部长。在任职期间,他多次组织各类竞赛,提高了组织协调能力及人际沟通水平。在政治上,他积极要求上进,确立了加入中国共产党的目标,在大二的时候成为第一批预备党员。四年的大学学习生活过程中,班主任根据该同学的自我发展要求,坚持进行及时而有针对性的目标激励。随着该同学的目标一个个实现,他对研究生入学考试充满信心,最终以面试、笔试成绩双第一以及良好的综合素质考入了自己心仪的大学。正如他自己在向学弟学妹们介绍经验时谈道:"四年的时间虽然不是很长,但是我们可以通过努力改变很多东西。希望各位能找到自己的目标,可以是长期目标,也可以是短期的目标,并为之去努力,同时做好时间的管理。学到的永远都是自己的。相信等到大家毕业后,再回忆起自己的大学四年,都会有一个美好的回忆。"

从该案例可以看出,班主任正是运用了自我决定理论中充分调动内在的自主性、发展性需求,帮助学生制订了清晰的学业规划,利用目标激励调动了学生的积极性。此外,在调动学生的内在动机方面,思想政治教育工作者还可以引导大学生进行积极的自我暗示,积极的心理暗示能够帮助学生形成内在的自我激励机制。积极心理学家马丁·塞利格曼支持积极的想法,他认为,乐观的心态让人们在失败后能够重新振作精神。在乐观主义者看来,挫折只是一种特殊的情况,并不是无处不在的。他们不会让自己永远笼罩在失败的阴影中。他们坚持不懈,因此能够迅速从失败中恢复过来。悲观者可能对危险估计得更加准确,但是一旦遭遇逆境,他们很快便会束手就擒。自律让乐观的人可能会这样说:"我保证 60 天内要重新来过。"①

掌握自我激励的有效方法。丹尼尔在《自律》中介绍了四步激励法:第一步是感知消极思想。要对消极思想保持足够的敏感。比如,你把钥匙放错了地方,骂自己是个笨蛋。这时候,消极思想就出现了。第二步是植入积极思想,停止灌输消极思想。逼迫自己不去想消极思想是不够的,因为这样做会使消极思想越加突显。更加有效的方法是:当消极思想出现时,植入积极思想或者想象某件快乐的事情。回忆一下最开心的时刻,尽可能回想细节。准备一张清单,列出工作或生活中取得的成绩。这样,当消极思想出现时,赶快用这些成绩来替代它。第三步是说些鼓励自己的话,重新定位。回想一下自己的某个目标,想想自己是怎样实现这个目标的。给自己打气还有另外一种形式,那就是说出对成功的展望。第四步是要想从中不断地受益,就得想一句简单的话,便于今后两三天内不断对自己重复。这句话可以是:"我知道怎么提高,也有办法做到。"通过这四步,可以学会控制自己的思想,摆脱消极的自我催眠。②

大学生通过正向的、不间断的自我暗示,可以增强其在心理、学习和工作层面的积极作用。比如 H 同学谈道:"我经常会用话语、文字来鼓励自己,让自己多些自信,少些惧怕。这样做还是比较有效的,至少能够持续一周。"S 同学也提道:"我会进行自我提醒,或者做一个备忘录,在任务没有完成之前都不会放弃。"Q 同学说:"我经常会对自己进行自我暗示,而且还会写出来,贴在显眼的地方激励自己。在离目标越来越近的时候暗示的频率会高起来。"而针对一些有心理问题的学生,从事了 10 年心理咨询工作的 G 老师认为:"来咨询的学生一般自我评价都比较低。在咨询的过程中,咨询师要对他们做得好的地方积极肯定,要鼓励他们做自我肯定;要挖掘来访学生自身的资源,调动自身的能量场,这才是最有效的激励。"

① 安德鲁 J. 杜柏林. 自律[M]. 罗全喜,叶凯译. 北京:机械工业出版社,2005:319.
② 安德鲁 J. 杜柏林. 自律[M]. 罗全喜,叶凯译. 北京:机械工业出版社,2005:127−128.

第三节 改进大学生激励教育的路径

激励教育受多种激励因素的影响,它是多元的、复杂的、综合性的,因此,在大学生激励教育的实践中,教育者要充分创设良好的激励环境,采用多种激励方式,善于综合各种激励因素,实施多维度、全方位、立体式的激励教育。

一、利用主要渠道,加强信仰激励

(一)紧跟时代发展,充实信仰激励内涵

高校思想政治教育是培养青年马克思主义者的重要途径,担负着团结服务广大青年、凝聚青年共识的重要使命,新时代高校开展大学生激励教育,首先就要丰富激励教育的内涵,抛开功利主义倾向,要以马克思主义为指导。

首先,要加强马克思主义信仰激励,开展以实现中国梦、践行社会主义核心价值观、发扬艰苦奋斗精神等为主题的教育实践活动,加强对青年马克思主义者的培育,让广大学生认同马克思主义,选择马克思主义;在对党和人民艰苦奋斗的历史体味中走向马克思主义、共产主义;加快马克思主义大众化的推进,激励青年大学生用马克思主义的思想理论提升青年大学生的思想觉悟水平,把党的创新理论转化为他们的共识,把党的理想信念转化为他们的自觉追求,把党的智慧转化为他们的实践能力,实现马克思主义在青年大学生中的影响力、指导作用和信仰能够最大限度地发挥,增强马克思主义中国化在意识形态领域的指导地位。

其次,要发挥中国精神的激励作用。以中国精神激发广大学生的爱国热情、报国之志。要抓住机会向大学生传播革命战争年代的红色精神,习近平认为党的革命精神是党和国家的宝贵精神财富,要不断结合新的时代条件发扬光大。以红船精神为例,2005 年,时任浙江省委书记的习近平发表《弘扬"红船精神"走在时代前列》的文章,指出:开天辟地、敢为人先的首创精神,坚定理想、百折不挠的奋斗精神,立党为公、忠诚为民的奉献精神,是中国革命精神之源,也是"红船精神"的深刻内涵。他认为"红船精神"同井冈山精神、长征精神、延安精神、西柏坡精神等一道,伴随中国革命的光辉历程,共同构成我们党

在前进道路上战胜各种困难和风险、不断夺取新胜利的强大精神力量和宝贵精神财富。

案例 6-5：央视《新闻联播》报道嘉兴学院以红船精神创新思政教育[①]

2018 年 1 月 14 日晚，中央电视台《新闻联播》栏目报道了嘉兴学院利用红船精神创新思政教育，将红船精神融入思政教育全过程的实践。报道聚焦了嘉兴学院师生原创红色话剧《初心》，并且这样说："在课堂之外，当地的红色资源也成为思政教育的活教材。在南湖之畔的嘉兴学院，中国共产党在红船中的诞生历程被同学们搬上舞台。"

作为党的诞生地旁的大学，嘉兴学院充分利用党的诞生地、红船精神发源地的政治资源优势，积极探索和创新思政教育模式。嘉兴学院积极推动红船精神进入思政课教材，编写了《红船精神》《红船精神学习读本》《红船精神领航中国梦》等系列教材，让红船故事"火"起来，也让思政教材更为鲜活；嘉兴学院率先将红船精神引入课堂教学，并且在教学中不断深化改革，探索"身临其境式"教学，将情景表演、话剧、课题调研、微电影等新元素融入课堂，充分调动了学生的学习积极性和主动性，让思政课更加接地气、有朝气、聚人气；嘉兴学院积极探索思政实践教育，启动了"红船先锋营"培育计划，实施了各类红色主题教育活动，有效提高学生对于思政教育的参与感和满意度。

上述案例表明了嘉兴学院善于就地取材，用当地的红色资源作为开展大学生激励教育的素材，有较强的地域特色，不仅丰富了激励教育的内涵，同时也增强了思想政治教育的实效性。

（二）立足学生需求，激发学生学习兴趣

思想政治理论课是加强大学生世界观、人生观、价值观的主渠道，体现了国家的意志要求，体现了大学生个人成长的现实需要。思想政治理论课主要通过讲授马克思主义的理论知识，使广大学生树立科学的三观，确立马克思主义信仰，运用马克思主义的立场和观点解决问题，自觉接受思想政治教育，不断提高思想、政治、道德和法律素质，成为合格的社会主义建设者和接班人。

[①] 央视《新闻联播》报道嘉兴学院以红船精神创新思政教育[EB/OL]. http://news. zjxu. edu. cn/html/schoolnews/schoolnews/2018/0114/10696. html.

因此,高校要将激励教育的方法和内容更好地融入思想政治理论课的教学过程之中,满足青年学生成长发展需求和期待。

思政课上,除讲授教材中的内容,还需针对性地融入大学生在实际生活中关注的焦点和主题。有调查显示,大学生们认为最需要讲授的思政课教学内容依次为人生观教育、价值观教育、道德教育、爱国主义和民族精神教育、基本国情世情教育、世界观教育、社会行为规范教育、法纪教育、改革创新和时代精神教育、共产主义理想信念教育、社会主义荣辱观教育、毛泽东思想和中国特色社会主义理论体系教育、马克思列宁主义理论教育、党的路线方针政策教育,这意味着学生需要的教学内容首先是与个人自身成长有关的内容,如人生观、价值观、道德;其次是了解与认识社会方面的内容,如爱国和民族精神、国情与世情、世界观教育、社会行为规范教育、法纪教育、改革创新和时代精神教育等;最后才是社会主义理想信念、马克思列宁主义理论、中国特色社会主义理论及党的路线方针政策。[①]

笔者 2017 年的问卷调查显示,学习自己感兴趣的课堂知识对他们具有较大的激励作用,因此,要充分发挥思想政治理论课主渠道中的信仰激励作用,就要在教学中选择与大学生密切相关的主题,如求学、择业、交友等,在教学过程中,采取探讨式、探究式的方式激发学生参与课堂学习的兴趣,为大学生提供切实的指导和帮助;从与个人生活密切相关的生活理想、职业理想入手,引导学生确立科学的理想信念。

案例 6-6:讲道理的近代史　自定义的思政课

2016 年,在清华大学"清韵烛光"评选活动中,经过 8000 余名本科生线下实名投票,共选出 11 名"清华学生最喜爱的老师",李蕉作为唯一的思政课教师入选其中。作为"中国近现代史纲要"课程的教师,在她的课堂上,她把学生编成 35 个小组,配合课堂教学对 35 本学术著作进行深入阅读,这使得课堂上的"大道理"变得思辨而深刻、丰富而立体;为了让学生肯读书、会读书,李蕉还增加了"如何读书、如何讨论、如何撰写读书笔记"等小单元的教学环节,这对许多大一的学生来说既新鲜又解渴。在李蕉的指导下,许多学生发现那些"大

---

① 刘海燕,江舟.大学生理想信念教育教学需求的调查分析[J].学校党建与思想教育,2013(2):9.

道理"不仅是宣传中的口号,不只是现代政治的策略,而是一份沉甸甸的家国情怀和历史责任。

上过这门课的学生都评价说:"这门课绝对不'水',是一门响当当的'硬'课。"而在上好这门"硬"课背后,是李蕉对学术问题的钻研和探索,以及对社会现实的关注和思考。当李蕉将学界各方的观点、最新的成果,真实而客观地摆在学生面前的时候,不仅拓展了思政课教材的深度与广度,也大大激发出学生的学习热情。而经过一番讨论、思考和分析之后,学生对"大道理"的"信"也变成了"真信"。她认为,要做到"以理服人",最关键不在于教师如何说理,而在于使学生自己"懂得"道理。因此,李蕉避免让自己的课堂成为"一言堂",而是采用了助教主持小班讨论、跨学科小组学习等方式,鼓励学生以自己的努力抵达思想的终点,由此思想政治教育的理念方可真正润物无声、内化于心。

在学生的眼里,李蕉不仅是一位出色的思政课教师,更是一位锐意的教学改革者。她每一年的"中国近现代史纲要"课都不尽相同,不仅有知识层面的更新,还有课堂设计的改进,这种"年年升级"的课堂吸引了一批又一批的学生,甚至曾经上过课的学生还会主动请缨加入下一年的助教团队,为"课堂改革"出谋划策。这种面向学生、面向时代的思政课教学,激发出学生高涨的学习热情,也赢得了校园里的良好口碑。就是这样的思政课赢得了学生的赞许,然而这样的教学改革并不神秘,它只是真正做到了"让学生受益",于是水到渠成地"入脑入心"。①

随着思政课改革的不断深入,新的激励教育方式层出不穷,这些思政课逐渐把学生的注意力转移过来,让学生从"要我学"转变为"我要学",让原本学生认为的"水课"变成了"金课"。李蕉老师的思政课就是一个典型的代表。

(三)借鉴现代技术,创新信仰激励载体

当代大学生生活在数字化的时代,互联网高速发展,信息瞬息万变,他们追求的是新奇、刺激的新鲜事物,他们是新时代网民。中国互联网信息中心发布的第42次《中国互联网络发展状况统计报告》显示,截至2018年6月,我国

① 讲道理的近代史　自定义的思政课——记清华大学马克思主义学院李蕉副教授[J].思想理论教育导刊,2017(7):9—10.

网民规模为 8.02 亿,上半年新增网民 2968 万人,较 2017 年末增加 3.8％,互联网普及率达 57.7％。其中 20～29 岁年龄段的网民占比最高,达 27.9％;受过大专、大学本科及以上教育的网民占比分别为 10.0％ 和 10.6％。[①] 由此可见,互联网已经深刻地影响我们的日常生活,习近平深刻地指出:"纵观世界文明发展史,人类先后经历了农业革命、工业革命、信息革命。每一次产业技术革命,都给人类生产生活带来巨大而深刻的影响。现在,以互联网为代表的信息技术日新月异,引领了社会生产新变革,创造了人类生活新空间,拓展了国家治理新领域,极大地提高了人类认识水平,认识世界、改造世界的能力得到了极大提高。"移动互联网时代对大学生的认知方式、交往方式、实践方式产生了深刻的影响,"无人不网""无处不网""无时不网",已经成为描摹大学生学习生活的主题词。对此,习近平提出要运用新媒体新技术使思想政治工作活起来,推动思想政治工作传统优势同信息技术高度融合,增强时代感和吸引力。在这样的背景下,要增强激励教育的吸引力,高校教育工作者除了传统的课堂形式,还要找到大学生易于接受的活动载体,利用网络开放性、交互性、资源共享的特点,占领网络思想政治工作新阵地,发挥其激励功能。

　　网络化时代,为了增强思政课的实效性,教育部党组审议通过了《2017 年高校思想政治理论课教学质量年专项工作总体方案》(以下简称《总体方案》),这是继 2005 年思政课改革方案后出台的一个重要文件,在总体方案中特别指出了"教学方法改革的主要任务是围绕提升思政课教学亲和力和针对性,调动学生学习的积极性主动性创造性,探索实践线上线下混合教学模式"。由于思想政治理论课有较强的理论性和政治性,因此该课程的教学以讲授为主,这就要求教师有较高的理论功底和授课能力,并且也要运用一定的激励方式,激发学生主动接受思想政治理论课教学内容。有些大学在思政课教学改革方面做了有益的尝试,将学生的认知系统与情意系统有机结合,充分调动了大学生学习思想政治理论课的积极性,例如浙江大学"思想道德修养与法律基础"课程组实行的"三大课堂"教学改革,采用线上线下混合式的教学模式,取得了较好的效果。

---

① 中国互联网信息中心.第 42 次中国互联网发展状况统计报告[R].2018-07-31.

　　案例 6-7:"三大课堂"助力思政课改革①

　　近年来,浙江大学"思想道德修养与法律基础"课实现了以案例教学为核心的课内课堂、以实践教学为核心的课外课堂、以研究性学习为核心的网络课堂的"三大课堂"相结合的教学方法改革。

　　"三大课堂"教改涉及教学的全过程,可以让每一个学生都积极参与到教学过程中来。教师通过丰富多彩、生动形象的教学过程,将深刻、凝练的教材体系,转化为学生感兴趣的、易于接受的教学体系,通过"读·思·行"(网络阅读、课堂讨论、课外实践)等来体验、感悟、思考,真正理解和接受本课程所传达的思想观念,将党和国家对大学生的要求内化为自己的行动指南,促进学生知与行的结合,实现从认知到行动的转变,最终变成自己的道德修养和内在素质,为全面发展奠定扎实的基础。这正是思政课教学改革期望达到的效果。

　　上述案例正是发挥了大学生自身的主观能动性,创新载体形式,积极创设条件,采用混合式的思政课教育模式,让大学生化被动吸收为主动获取,有效地激发了他们学习思想政治理论的积极性。

二、抓住关键因素,强化情感激励

　　人具有丰富复杂的情感世界,情感是推动一切社会实践活动的重要精神动力,它的一个重要功能是促使人向重要的目标迈进。情感因素对人的积极性和创造性有较大的影响,情感激励能够形成师生之间的良性互动关系,促进师生之间感情的交流和思想的碰撞。笔者 2017 年的问卷调查也反映出情感因素是大学生激励教育中的优势需求,是大学生激励教育中的关键因素,情感激励是六种激励模式中效果最好的激励模式。因此,教师要善于运用情感激励,满足大学生的情感需求,尊重学生,及时反馈,多运用正向激励,将情感激励的效果发挥到最大值。

　　教师在开展激励教育时,首先要建立师生间良好的关系。赞科夫指出:

"就教育工作的效果来说,很重要的一点是要看师生之间的关系如何。"[①]"如果教师教任何东西的时候,想要取得成效,师生关系的质量是至关重要的。"[②]而要建立良好的关系,教师必须尊重学生,尊重大学生的感受,把他们满意与否、高兴与否、赞成与否的情绪反应作为及时调整激励教育内容和方法的重要依据。

已经升入大二的 E 同学谈道:"大学里我觉得班主任对我的激励最大,刚进大学时以为不太会见到班主任,来了之后发现班主任经常会找我谈话,他很平易近人,不是以老师的身份,而是以朋友的身份给你提出建议,没有压迫感,他会平等帮你分析问题,我从他身上能学到解决问题以及人际交往方面的技巧。"由此,教师要尊重学生,与学生建立民主、平等的师生关系,再用真情实感激励学生,这样才能起到激励教育的效果。

其次,教师要以正向激励为主。正向激励是激励者通过满足被激励者的某些需要而调动他们的积极性,从而使其努力实现预期目标的过程。[③]苏联教育家苏霍姆林斯基在其著作中,强调教师要帮助学生发展,要多鼓励激发学生,激发学生的欲望;他反对动辄训斥学生,他认为这是不道德的行为。正向激励也是我党采用的主要激励方式。毛泽东曾在红军长征中用豪迈的诗篇鼓舞同志们的斗志;他在长期的革命战争实践中,非常重视以宣传教育的方法,用进步的政治工作去激发官兵最大的战斗热情,提高他们的阶级觉悟。[④]当代大学生的自我意识较强,掌握的知识不断增多,专业技能不断增长,他们逐渐形成自己的思维方式,喜欢独立思考,反感简单的说服教育,希望被肯定。大学生的这一特点要求我们要多肯定他们,让其自尊心得到满足,促使其不断奋发向上。相反,如果教师对学生缺少关爱,采取冷冰冰的工作态度,就会引起学生的疏离和反感。P 同学在访谈中说:"我在上大学后,得到了一位老师的表扬,这种表扬足足影响了我一个学期,而另一位老师的肯定,让我在整个大

① 列·符·赞科夫.和教师的谈话[M].杜殿坤译.北京:教育科学出版社,1980:24.

② 托马斯·戈登.顶好教师——建立良好的师生关系[M].陈雷,张杰,王宇红译.北京:知识产权出版社,2002:4-5.

③ 李祖超.教育激励论[M].北京:中国社会科学出版社,2008:227.

④ 石凤妍,徐建栋.党的思想政治工作方法新论[M].天津:天津社会科学院出版社,2006:62.

学都充满了力量。"K 同学谈道："班主任数次找我谈心,鼓励我,对我很有作用。"D 老师也谈道："好的老师充当着学生的精神支柱,可能有时候比父母的影响还要大,我认为老师要善于发现学生身上的闪光点,前提是要主动了解学生,深入学生。"可见,教师的情感激励能够对学生产生深远的影响。

案例 6-8：老师坚持 28 年写 20 万条励志评语给学生正能量[①]

"一步一个脚印,慢慢来,不要急。""你的刀工很不错,坚持练习会更进步,加油。"这是武汉商学院烹饪与食品工程学院罗林安老师在学生的作业本上写下的励志评语。记者在该校了解到,任教 28 年的罗林安老师在学生的作业本写下的励志评语超过 20 万条,一批又一批学生在这些话语的鼓励下完成了学业,走上工作岗位。

"自信是职业素质中不可缺少的因素,对个人成长起着至关重要的作用。"罗林安说,他教授"烹调实训"和"职业素质"两门课,每年 4 个班,学生在 140 名左右。每次布置作业,他都要求学生在作业后面写出上课的感受和不懂的问题,对一些共性问题,他在下次上课时为学生集体解答,对个性问题,他会通过写评语给出自己的建议。有时怕学生没有理解透,他还会在课余时间找学生当面交流。

"学生们有的对自己的专业前景不自信,有的对专业技能不自信,我会给他们讲自己的社会阅历和餐饮行业中成功的案例,激发他们职业生涯的信心。他们有了期盼、有了激情,就有学习的动力。"这是罗林安写励志评语的初衷。

罗林安通常每周给学生布置两次作业,每次作业都给学生写评语。学生们统计了一下,28 年来罗老师的励志评语写了 20 多万条。

该校 2012 级烹饪工艺与营养专业的学生马文惠说："我刚开始上实训课时刀工很差,总把土豆丝切成了薯条,是罗老师的评语一直鼓励我苦练刀工,后来我参加学校的技能比赛,获得了第三名。"

同专业的李灿外出实习,离校前罗老师给他留言："到酒店后做事要大胆,主动表现自己,不仅要学本事,还要学企业文化和人际交往。"李灿说,罗老师

---

① 老师坚持 28 年写 20 万条励志评语给学生正能量[EB/OL]. http://edu. people. com. cn/n/2013/1008/c1053-23118617. html.

的这些话对他完成实习都助很大。

有些学生毕业多年，至今还记得罗老师的励志评语。1997级中餐班的陈海涛现为一所大学饮食中心的经理，他说："当初对专业怀疑过，甚至想过放弃，罗老师的评语，给了我坚持下来的力量。"

心理学中的皮格马利翁效应（Pygmalion Effect），亦称"罗森塔尔效应"，指的就是人们基于对某种情境的知觉而形成的期望或预言，会使该情境产生适应这一期望或预言的效应，效应认为"人性最深切的渴望就是得到别人的赞美"。教育者在对待不同的学生时，要运用不同的情感激励方法，对于优等生，教师要及时给予表扬和总结；对于后进生，教师要及时给予慰藉和鼓励。以肯定和鼓励为主的正激励对于大学生而言有较强的激励效果。

三、挖掘身边典型，拓展榜样激励

对于榜样，习近平曾指出，伟大时代呼唤伟大精神，崇高事业需要榜样引领，他非常注重先进模范人物的榜样激励，重视发挥各类模范人物在大学生中的精神辐射、价值引导以及行为示范作用。正如他所提出的："各行各业都有很多值得我们学习的榜样，包括航天英雄、奥运冠军、大科学家、劳动模范、青年志愿者，还有那些助人为乐、见义勇为、诚实守信、敬业奉献、孝老爱亲的好人，等等。榜样的力量是无穷的。大家要把他们立为心中的标杆，向他们看齐，像他们那样追求美好的思想品德。"[①]他希望广大青少年能够"心有榜样"，"学习英雄人物、美好事物，在学习中养成好的思想品德追求"。[②] 当代大学生思想活跃，接受的外界信息纷繁复杂，榜样的选择要体现时代性，更加多样化、个性化、生活化。

（一）体现榜样的生活化

传统的榜样激励对于榜样的选择过于"高大上"，给人以一种距离感，让有些大学生望而生畏，当今大学生激励教育中榜样的选择要更加生活化，生活化

---

① 中共中央文献研究室.习近平关于青少年和共青团工作论述摘编[M].北京：中央文献出版社，2017：31.

② 中共中央文献研究室.习近平关于青少年和共青团工作论述摘编[M].北京：中央文献出版社，2017：30.

就是指榜样要体现真实性。如果在"思想道德修养和法律基础"课堂上再提张海迪、赖宁式的榜样人物，已经很难引起 95 后、00 后大学生的共鸣。相反，来自大学生身边的榜样更能激发大学生的进取精神。

访谈中，A 同学提道："我觉得自己身边的榜样激励会很有力量，比如说我的同桌，她参加了高数竞赛，经过自己的努力拿了奖，我觉得特别厉害；还有我寝室的同学，他们学习比较主动，比较自律，参加活动还很积极，这些触动我，让我也想像他们一样。还有我以前高中的同桌，考到了更好的大学，他们功课特别紧张，但是她周末还去咖啡厅打工，今年暑假打电话跟我说她还去支教了，生活过得特别充实，这让我感到非常有压力，促使我也要做点什么。"

I 同学谈道："我认为对我激励最大的是寝室同学吧！比如看到寝室同学在图书馆努力学习，我就不会去选择偷懒睡觉。一个积极向上的小家，有着合理的作息时间将会让我更有力量去追寻自己想要做的事。毕竟宿舍是我们比较长时间停留的地方，和睦、干净、团结的宿舍将会让人身心愉悦。"

由此可见，与大学生朝夕相处的身边榜样更能够激发他们向上的决心，督促他们奋进，因为身边的榜样因其更容易被大学生所感知、所模仿，因而他们的示范效应更加直接，激励效果相对更好。

案例 6-9：我的青春"双肩挑"——清华大学辅导员马冬昕事迹材料①

双肩挑"辅导员制度是清华大学的传统，始建于 1953 年。该制度通过在研究生和高年级本科生中挑选一部分政治素质过硬、业务突出，"又红又专、全面发展"的优秀学生担任辅导员，一肩挑思想政治工作，一肩挑业务学习。马冬昕正是清华众多"双肩挑"辅导员中极其出色的一员。2017 年，她获得了第九届"全国高校辅导员年度人物"称号。

2011 年年底，时为清华大学化学系大四本科生的马冬昕和双胞胎姐姐、清华大学精仪系本科生马冬晗同获清华学子的最高荣誉——特等奖学金，被网友誉为"清华学霸姐妹花"。2012 年，她开始攻读博士学位，也开启了"双肩挑"的辅导员生活：先后担任化学系新生辅导员、学生组组长，并长期在清华大学

---

① 我的青春"双肩挑"——清华大学辅导员马冬昕事迹材料[EB/OL]. http://special. univs. cn/fdyzt/2017fdy/ndrw1/2017/0327/1156379. shtml.

学习发展中心担任兼职咨询师、工作坊讲师。在保证"双肩挑、两促进"的同时，马冬昕也充分发挥朋辈辅导员的优势：与学生们同吃同住，打成一片，及时了解大家的思想动态、学习生活状况，有的放矢地开展思想政治工作。担任带班辅导员的两年里，每学期她都会制定一个深度辅导工作表，结合每个阶段学生的思想动态和实际需求，有计划、有准备地找学生谈话。在她的引导下，化学系二字班成为一个优秀的大集体：有一人入选培养领军人物的思源计划，四人入选培养学术兴趣的星火计划，多人选修经济学、心理学、数学等双学位；20余人入选化学系"学堂班"，立志成为化学家；他们中的大多数人，在毕业后选择继续深造，希望学有所成，回馈国家，服务社会。

每当提到自己的学生，马冬昕总是很快乐，她发自内心地喜欢和欣赏他们，愿意陪伴他们成长成才，也真诚地盼望学生们都能拥有美好的未来。而学生们也看到了她的努力与勤奋：他们入学时，马冬昕是清华大学本科生特等奖学金的获得者，是学生们学习的好榜样；而现在，马冬昕又一次获得了清华大学研究生特等奖学金，在高手如云的清华园里不断创造着奇迹。学生们常发自内心地说："马姐，每次看到你，我就觉得特别有正能量！"

马冬昕，就是这样一个典型的生活在大学生中间的榜样，她通过辅导员的工作潜移默化地带动和激励了她身边的大学生。

（二）体现榜样的多样性

在选择激励榜样时，高校既要注意榜样"高大上"的特点，如将时代精英作为榜样，大力宣传这些人物对人类发展、社会进步做出的卓越贡献，使其成为广大大学生学习的榜样，引导大学生正确认识个人价值和社会价值；但同时也必须注意榜样现实性、接近性，因为出现在身边或与自己生活状况类似的榜样更容易让学生信服并接受，进而发挥出榜样的巨大作用。高校所选择的榜样应该具备鲜明的个性、优秀的品德，所选择的榜样应该与大部分大学生的人生经历相类似，或是大学生崇拜的人物，只有这样，才更容易被大学生所认同，进而引发模仿效应。因此高校可以通过优秀人物的先进事迹，引导其形成正确的"三观"。

访谈中，F老师提道："班上的一个女生特别崇拜胡歌，在一次分享会上讲到最能够激励她的榜样是胡歌，因为这个女生知道胡歌曾经遭受过车祸，但是他从那段艰难的时光走过来，又重新回到荧屏，并且取得了不俗的成绩，她觉得这样的人物非常励志，非常值得她学习。"

　　G同学在谈到自己的榜样时提道："我比较崇拜周杰伦，不仅仅是因为他的歌，因为他能给我带来力量。周杰伦曾经是站在颁奖台上没人采访的那个人，结果现在有多少人的回忆都是他！所以，只要坚持不懈地追求自己的理想和目标，肯定会成功的。"

　　由此可见，在榜样激励中，思想政治教育工作者可以通过学生喜爱的明星的励志故事激发学生，这样更能发挥激励的效果。

　　此外，还要发挥教师的示范作用。根据笔者的调查，大学中有人格魅力的教师对大学生起到很强的激励作用，因此要充分发挥这些教师的示范作用，言传身教，引领大学生树立远大的志向，激发前进的动力。例如I同学谈道："刚开始到我们学校，不免就会听到有一些学生和一些家长在抱怨我们学校有多差多差，都不读书的，现在回想起来，我觉得他们当时的话简直就是可笑到极点了。不过在那个时候，自己心里真的就觉得自己这辈子可能就这样了。直到开学前的一次思政课，我的班主任陈老师给我讲了她的大学生涯，我现在再回忆起我当时的心理状态就是，始惊终狂，一开始，我就被惊到了，心里在想这是真的吗，等到最后陈老师讲完后，天呐，怎么会有这样的人，简直是疯了吧，陈老师的经历简直是比大卫·科波菲尔的魔术还要令人不可思议啊。从那时开始，我感觉到尽管自己的起点不是很高，但是这四年通过自己的努力是可以多多少少取得一些成绩的，我之前也听说过别人的一些励志故事，但是那些人都离我太遥远了，我觉得身边的榜样对我的激励效果是最好的。"可见，一位优秀的班主任对学生的激励作用之大。

　　C同学也说："我觉得老师的言传身教很重要，比如我的体育老师，他在训练过程中表现的那种精神让我感动，他让我们在训练场上要有血性，要敢拼；他的这种思想潜移默化传递给我们，让我在训练的时候会更加卖力、更加刻苦。"

　　I同学更是谈道："我们宿区的黄老师，做事情时一丝不苟，公正公平，信守承诺的精神一直影响着我。她对工作十分严格，认真，让我敬佩，并激励我努力做到像她那样。"

同样,高校要多挖掘同龄人当中的先进典型,用鲜活的事迹感染大学生,以身边的榜样带动大学生,发挥朋辈的榜样作用。根据班杜拉的社会学习理论,人类行为是个体与环境交互作用的结果,人们可以通过榜样替代反应和替代强化获得道德行为。班杜拉认为:"绝大部分的观察学习发生在日常生活中对他人行动偶然或有意的观察的基础之上。"①该理论认为外部的榜样可以作为人们的激励因素,班杜拉提出了六种不同形式的榜样示范:行动和言语的示范;象征性示范;抽象示范;参与示范;延迟示范;创造示范。大学生的同学、室友朝夕相处,他们之间的影响作用巨大,特别是身边的优秀典型对大学生的影响作用较大,他们良好的行为、言语的示范能够潜移默化影响周围同学。

正如C同学提道:"生活在自己身边,比我优秀的就可以作为榜样,不管哪方面好,共同鼓励,共同进步;如果离得太远就会觉得累,久了就会忘掉;比如隔壁班的班长,各方面都不错,学习工作为人处世,值得学习,目前我就把他作为榜样。"

目前随着对外交流的不断深入,留学生在我国高校的比例逐渐上升,因此,榜样激励不仅仅局限于中国的同学,一些优秀的留学生也可以成为大学生的榜样,例如Q同学谈道:"我们学校留学生对我有很大的激励作用,我觉得他们很努力,他们是通过层层的筛选才有到我们国家留学的机会,我也想像他们一样,做好规划,多走走看看,学习新的东西。"

四、开展生涯辅导,善用目标激励

在人的多层次需要中,实现自我价值的目标需要是最高层次的需要。大学生作为一个素质较高、人格相对独立,人生观、价值观、世界观基本形成,可塑性又较大的特殊社会群体,对其如何优化管理、挖掘潜力、提高素质,向着社会发展所需要的目标健康成长,是摆在高校思想政治教育工作者面前的重要课题。目前社会多元文化的影响,带来了大学生价值观的多元化,过去那些陈旧落后、简单粗暴、我说你听的激励方法,在新时代的思想政治教育中已不能收到理想的效果,因此,在日常的思想政治教育中,运用目标激励理论解决实

---

① 班杜拉.社会学习理论[M].郭占基,等译.长春:吉林教育出版社,1988:39.

际问题是必不可少的一项重要手段。从 2017 年的问卷调查中发现,目标激励是较为有效的激励方法,而目标激励中的"找到一份满意的工作"对大学生的激发作用最大,因此高校教师可以充分利用大学生对于职业理想的期待,引导其为自身进行职业生涯规划。

2008 年后,我国教育部要求高校开设职业生涯课程,大学生职业生涯规划开始蓬勃发展,并逐渐成为高校思想政治教育中的一项重要工作。融入职业生涯规划教育中的大学生激励教育,要使学生认识到:职业生涯规划不但能寻找到适合自己的工作岗位,更能够拓展个人的综合素质,提升个人的竞争力,激发自己的人生理想。马克思 17 岁时就写道:"在选择职业时,我们应该以人类的福利和个人的理想为主要指针。我们不应当认为这两种利益之间可能发生对立冲突,不应当认为一种利益必须消灭另一种利益,因为人生来就是这样安排的;他只有为了社会进步和同时代人的福利而努力,才能够使自己完善起来。"①因此,激励教育要结合大学生自身特点和兴趣爱好,引导大学生树立更有意义的职业目标,树立为国家、社会做出贡献的职业理想。目前也有相关研究表明,树立有意义目标的学生在毕业后的自我满意度、自我评价和积极情感水平比设立功利性目标的学生更高。如以下案例所示。

案例 6-10:有意义目标的价值实验②

有研究者选择在后大学时期对学生进行跟踪研究,因为这段时间标志着人们进入他们成年人的身份和生活,是"至关重要的时期"。其中一些罗切斯特大学的学生抱有德西、瑞安和尼米奇所说的"外在志向"(extrinsic aspiration),比如说荣华富贵或者功成名就,我们可以称之为"利益目标"(profit goal);另外一些人则抱有"内在志向"(intrinsic aspiration),比如说学习和成长,帮助其他人改善生活,我们可以称之为"目的目标"(purpose goal)。这些学生走出校门步入真实世界一两年后,对他们进行跟踪调查的研究人员会看看他们过得如何。

那些带着目的目标、觉得自己正在实现这些目标的人声称,他们的自我满

---

① 马克思恩格斯选集(第 1 卷)[M].北京:人民出版社,1995:459.
② 丹尼尔·平克.驱动力[M].龚怡屏译.中国人民大学出版社,2012:216—217.

意度和主观幸福感高于他们在大学的时候,他们的焦虑和抑郁水平也相对低。因为他们给自己设定了一个有意义的目标,而且感觉自己正在接近这个目标。但是那些带着利益目标的人身上表现出的结果就复杂多了。那些认为自己正在实现目标(积累财富,获得赞誉)的人声称,他们的自我满意度、自我评价和积极情感水平并不比学生的时候高。换言之,他们达到了自己的目标,但没有因此而更开心。此外,带着利益目标的学生的焦虑、抑郁和其他负面情绪均显示有所上升,即便是他们正在实现这些目标。

(一)科学制定目标

目标激励,也就是理想化为可实现的阶段性计划,它是理想实现的基础的关键步骤。引导学生树立职业规划后,同样重要的一点是,辅导员、班主任或导师在指导学生制定目标时,要科学运用目标激励中目标难度适中、目标的明确性和可接受性的原则,使目标合理、可行,要指导学生制定分阶段的具体目标,分步实施。在对 87 个学生进行关于将目标设置作为一种激励方法的访谈中,学生们根据自己的经验,都强烈地感受到,困难而具体的目标要比没有挑战性的泛泛的目标更具有激励作用。[①] 因此,制定目标要具体,还要有一定的挑战性。

访谈中,D 同学谈道:"我会制定一些目标,总体执行情况有好有不好,好的原因是自己做的计划比较详细,而且几乎一直坚持,但有些目标实行情况不太理想,因为没有细化,但总体来说还是有收获。"在大学中,像 D 同学这种情况的同学为数不少,他们意识到目标的重要性,但是随意性较强,缺少具体落实的方案及足够的行动力,从而使得他们的目标大打折扣。

在问到学生是否需要辅导员提供一些目标管理、时间管理的技巧时,G 同学这样回答:"时间管理的技巧指导我觉得还是需要的吧,因为人的惰性,而且很容易在时间上疏忽的,至于目标管理的话,我觉得至少需要有一个小目标,等这个目标实现了再定一个离自己近一点的目标,一步步实现。"

---

① Tubby M. Goal Setting: A Meta-analytic Examination of the Empirical Evidence [J]. Journal of Applied Psychology, 1986, 71(3): 474-483.

（二）动态调整目标

具体来说,目标的设置可以分为短期目标、中期目标和长期目标。设置目标是为了增强学生的主动性,学生根据自己的实际情况和需求制订计划。在每学年、每学期开始之初,教师可以根据当时的教育教学计划结合学生的实际情况,让学生自行设立自己的近期目标、中期目标和最终目标,并且制订达标的详细计划,使他们在学期起始就有一个明确的目标,并为之去奋斗,这样设置"跳起来可以摘到桃子"的目标,基础化、分层化、具体化,能起到比较好的激励作用,学生经过努力较容易实现目标。一个个短期目标的实现,能使学生逐步树立信心,能激励其完成下一目标的积极性,从而促使学生不断进步。[①] 访谈中发现大学生在高中时树立的目标最为强烈,因为高考的目标简单明确,而到大学之后目标有弱化的趋势。大学四年是一个相对独立的周期,教育者应努力指导、激励大学生根据大学四年每一阶段学习内容、学生的实际情况、学生成长的需求等来制订大学生涯规划。

案例 6-11:一位网瘾学生的逆袭

小 Y,男,某高校四年级本科生,市场营销专业,成绩一般。该生因沉溺网络游戏频频出现旷课,这引起他的辅导员 L 老师的关注。L 老师经常有针对性地与其谈话,帮他分析目前存在的问题。辅导员经常去他的宿舍,也时常与他的室友交流他的情况。在了解到该生有一位在异国读书的女友后,L 老师尝试站在 Y 同学的立场与之谈话,劝其努力学习,特别是学好英语,这样可以早日出国,与女友早日团聚;并且 L 老师还帮助小 Y 做了职业规划,建议发挥其打游戏的特长,选择成为职业玩家或是开发商。后来,凭借小 Y 的努力,他的网瘾渐渐转化,最终成了一名创客,首月净赚 9000 元,在毕业的时候,已经和几个朋友合伙开了一个公司,小有成就,后来他也成功地去了国外找女友,买了一套小公寓,生活从此走上正轨。

这个案例说明,作为学生工作者,要从学生实际出发,善于发现学生身上的闪光点,因势利导,化不利因素为有利因素,引导学生树立正确的目标,激发

---

① 程序.浅谈激励教育法在德育工作中的运用[J].重庆教育学院学报,2003(9):91.

学生自身的潜能,从而帮助他做好职业的定位和发展方向,这正是激励教育的成功之处。

五、搭建活动平台,推动实践激励

马克思主义认为,人的实践活动具有能动性,人通过实践不但能够认识客观规律,而且能够利用客观规律。同时,实践还具有创造性,能够创造出自然界本身不具有的事物。实践的自主性和创造性一起,共同体现了人的主体性特征。著名的教育家陶行知非常注重生活实践,他主张通过生活化的教育来激发学生的积极性、主动性和创造性。他认为"到处是生活即到处是教育。整个的社会是生活的场所,亦即教育之场所。因此,我们又可以说'社会即学校'"[①]。陶行知强调知行合一,从做中学,他指出,"做的最高境界就是创造"[②],"'行动'是中国教育的开始,手脑双全是创造教育的目的"[③]。这说明,实践激励是激励教育中激发大学生积极性、主动性、创造性的一个重要内容。在实践激励中,我们要重视第二课堂的建设、校外实践平台的拓展。

(一)加强第二课堂的建设

党的十八大以来,习近平特别强调要重视和加强第二课堂建设,重视实践育人,坚持教育同生产劳动和社会实践相结合,广泛开展各类实践活动,让学生在亲身参与中认识国情、了解社会,受教育、长才干。国外学校也十分重视利用活动平台对青少年实施实践激励。我国高校中,学生会、社团等组织都是大学生开展实践锻炼的有效途径,为激励大学生服务他人提供了很好的平台,有利于增强学生的责任感和进取精神。正如访谈中学生干部 P 同学表示:"我当学生干部是我一直以来对于学生工作的热爱,大学四年遇到学院团学、校团学联这样的组织,每一次部门的调动和职位的变化不断地激发我的斗志,我还庆幸一直遇到志趣相同的人,我觉得有共同方向的人才会一直朝着一个方向一起努力。"可见,学生干部的经历对学生的个人成长有一定的激励作用。

学校搭建的实践平台,为广大学生提供了锻炼能力的机会,促进学生的自

---

① 董宝良.陶行知教育论著选[M].北京:人民教育出版社,1991:390.
② 董宝良.陶行知教育论著选[M].北京:人民教育出版社,1991:385.
③ 董宝良.陶行知教育论著选[M].北京:人民教育出版社,1991:389.

我成长,激发了学生的担当意识和成才意识。美国大学重视校园活动的隐形激励功能,他们认识到非正规教育发展学生各种才能,改善其社交能力和学术成绩,还能加强其完成学业的机会,学生有更多的机会与教师接触,更多地参与学生自我管理活动,而且在艺术爱好和人际关系方面更有收获。[①]

访谈中,H 同学说:"我在宿区做勤工俭学,并且在自管会中担任实践部部长,负责勤工俭学这块儿,所以感觉身上的担子要更重一些,责任意识要更强烈一些,我会时常提醒自己,不仅是宿区的一员,更是队友们的领头人。只有自己做好表率,才对他们有更好的说服力。于是就能激励自己做得更好些。"

A 同学在访谈中也提道:"参加暑期实践对自己的锻炼比较大,发现自己更深的东西,我能把自己所学的东西用于实践当中,也会知道自己的不足。"

学校组织的竞赛活动对大学生具有一定的激励作用,正如 Q 同学所说:"参加活动对我本人的激励作用很大,拿到奖是表面,但通过比赛知道自己的潜能、才能,发现自己的天赋,和别人不一样的地方,在某方面可以取得成功。活动不失为一个挖掘才能的好方式。就比如那次参加学校的职业规划大赛,我竟然拿了二等奖,这是我没想到的。它给了我很大的信心和鼓励。"

另外,日常思想政治工作中,可以借鉴艺术的表现形式开展艺术激励。艺术激励是激励主体利用艺术作品或其他艺术表现形式激发和调动激励对象内在精神动力的过程。艺术是人类社会精神生活不可或缺的内容,艺术具有生动性、直观性、形象性的特点,与人们的精神需要契合,她源于生活又高于生活且日益成为人们孜孜以求的生活理想,日常生活中影视、音乐、歌舞、诗歌、雕塑等都是艺术激励的载体。[②] 优秀的文学、艺术作品中所蕴含的"真善美"能够激发大学生的向上向善之心。充分挖掘这些文学艺术作品中的激励功能,可以让学生在潜移默化中实现思想领悟、知识学习、能力培育与价值观培育的有机统一,把高校的培养目标、规格、要求等内化为学生的品质,使学生真正成为德智体美全面发展的社会主义建设者和接班人。

---

① 张爱芳.美国大学校园文化研究[M].杭州:浙江大学出版社,2015:231.
② 申来津.思想政治教育的激励功能[J].理论月刊,2002(2):32.

案例 6-12：浙江外国语学院青年学子学青年习近平①

贯彻落实全国高校思想政治工作会议精神和《关于加强和改进新形势下高校思想政治工作的意见》精神，必须创新方式，让思想政治教育有血有肉，让学生听起来真实，听后愿意接受。2017 年 3 月，浙江外国语学院将《青年学子学青年习近平》学习读本发放到全校 281 个班级、2050 个寝室。学校 18 个学生党支部和海外学生党小组带头品读《习近平的七年知青岁月》，开展各种主题班会 230 余次，所有寝室举行学习感悟交流会 1500 余次，上交学习体会 900 余篇。学校面向全体学生，征集"对我成长影响最大的习近平故事"5596 个，"我最喜爱习近平的一句话"5782 条次。形式多样的主题学习正在延伸到每一个分院、每一个班级、每一个寝室，直至每一个留学海外的党小组。《习近平的七年知青岁月》之所以能够征服人心，就在于它的真实，就在于它有血有肉。

党的十八大以来，习近平在治国理政实践中，以坚韧不拔的历史担当精神，坚持问题导向和问题意识，把握时代大趋势，顺应人民新期待，回答实践新要求，提出了系统完整的治国理政新理念新思想新战略。思想总是有源头的。梁家河七年知青岁月，正是习近平治国理政新理念新思想新战略的历史起点和逻辑起点。黄土高原的苍天厚土，铸就了青年习近平脚踏实地的工作作风，孕育了一切从实际出发的思想品格。梁家河的淳朴民风，塑造了青年习近平宽厚淳朴的优良品质，孕育了以人民为中心的发展理念。重温习近平这段知青岁月，有助于青年学子加深认知和理解、学深悟透习近平治国理政新理念新思想新战略，树立起与党和人民同心同向的理想信念和价值追求。

这种把学习教育融入校园文化，以文化人、以文育人的做法比比皆是。学院组建"青年学子学青年习近平研究会"，研究如何讲好习近平知青岁月故事；以习近平建沼气池故事为蓝本，排练话剧《取火记》；开展主题党团组织活动 200 余次；东方语言文化学院开展"我的青春别样红"主题活动，用阿拉伯语、日语写学习体会；中国语言文化学院开展"学原文、品原味、寻原点"寝室夜谈活动；国际商学院开展"品悟习近平知青岁月，绽放大学生青春风采"党团员义工

① 青年学子学青年习近平[EB/OL]. http://www.wenming.cn/djw/djw2016sy/djw2016gddj/201706/t20170614_4295291.shtml.

服务实践;艺术学院开展"书画青年习近平知青岁月故事"大赛等,以学生喜闻乐见的形式带动更多同学持续参与。

(二)拓宽校外实践服务平台

习近平经常勉励大学生深入社会学习,他认为"社会是个大课堂。青年要成长为国家栋梁之材,既要读万卷书,也要行万里路。社会实践、社会活动以及校内各类学生社团活动是学生的第二课堂,对拓展学生眼界和能力、充实学生社会体验和丰富学生生活十分有益"。

美国推崇服务学习的实践激励模式。服务学习是以杜威的经验学习作为主要的理论基础,将志愿者服务及服务后的积极反思与课程学习有机地结合在一起,强调服务与学习同等重要,在真实的情景中培养学生的各种实践能力与社会责任感,促进学生的学习和心智发展,这些正是激励教育所要实现的核心目标。服务—学习已成为美国及世界许多国家高等教育课程中重要的、不可或缺的组成部分。①

再如日本,自 20 世纪 80 年代以来,大力提倡并推广青少年的"体验学习",其目的在于提供培养具有丰富人性的教育活动。在学校道德教育中,开展多种活动,主要有班级活动、艺术活动、体育活动、远足、旅行活动、保健、安全活动以及生产活动等。学校通过集体的激励教育活动,促进学生集体意识、社会意识的形成和发展;培养学生的自主创造力;促进学生个性的形成;培养自我教育能力和自我表现力。②

访谈中,F 同学认为学校每年暑假安排的工作实习对他的激励效果最大,他说:"大学里最激发我的斗志的是每一次的工作实习,我大学四年三个暑假都在实习,每一次实习都会发现不一样的人和事,这些就会激发一些斗志。说实际一点就是接触的人多了,知道更多的工作之后的实际情况,还有一些工资情况,就会激发我今后要多学习。"

J 同学也提道:"在这大学的四年中,成绩和荣誉是锦上添花的殊荣,最重要的还是世界观和方法论的修缮,所以双脚和灵魂都要行走在路上,因为伴随

---

① Colburn K., Newmark R. (eds.). Service-learning Paradigms: Intercommunity, Interdisciplinary & International [M]. Indianapolis, IN: University of Indianapolis Press 2007.

② 戚万学,等.现代道德教育专题研究[M].北京:教育科学出版社,2005:145.

我们的胆识、执行力、视野与知识面就在这个过程中嬗变。比如在校内外参加自己感兴趣的比赛和活动,在兼职和实习中锻炼自己,时常反思自己的缺点与不足,在实践中弥补自己的不足。"由此可见,为学生搭建实践的平台对大学生潜能的发挥有着较大的促进作用。

六、调整制度设计,完善奖励激励

行为主义理念下的奖励激励,是通过刺激形成反应,通过外部不断的强化行为,使受教育者形成习惯性的条件反射,促使其产生预期的行为习惯。而自我决定理论指出,如果这些外在的影响能够促进内在动机,个体就会觉得工作或学习是件有价值有意义的事情,从而会努力工作。因此,我们要在奖励激励中,善于运用成就需要理论激发大学生的内在成就动机,调动大学生的积极性。

高校在设置制度时,要经常安排及时的成就反馈,使大学生了解自己的成功之所在,进一步激励他们对成就的愿望,同时对他们的成就予以激励,以对他们的行为起到正强化的作用;也可以提供取得成就的榜样,刺激人们取得成功的愿望和行为。[①]

(一)推动奖励机制向多元化发展

传统的奖学金主要针对学习成绩设置,而对于其他方面考虑较少,随着大学生追求的多样化,大学生在文体竞赛活动、创新创业方面均有出色的表现,单一的以学习成绩为主的奖学金制度已经远远滞后于学生的需求。目前很多高校已经增加了奖学金的种类,可以尝试引进更多的奖励激励内容。如浙江某高校推出的针对大学生科技竞赛项目中获得过国家级、省级奖项的同学的"特长奖学金"、有针对创新创业突出的学生设立的"奖创金",鼓励了在校生创新创业的积极性,有利于培养学生的创新意识,推动大学生创新创业教育的发展;又如有些高校设立了"道德风尚奖学金",用于奖励热心社会公益、助人为乐、见义勇为的学生,起到了较好的效果,营造了良好的校园风气;还有一些高校在测评学生的思想品德素质时,甚至给予有见义勇为、乐于奉献等行为的学

---

① 杨芷英.思想政治教育心理学[M].北京:中国人民大学出版社,2014:77.

生一定的学分,这些奖励制度都值得学习和借鉴。

案例 6-13:武汉一高校测评学生思想品德素质:见义勇为、乐于奉献等行为可获学分[①]

见义勇为、乐于奉献、拾金不昧、勤奋上进等行为均可获得学分。武昌理工学院举行 2017—2018 年度第一学期思想品德素质测评会议,对首批 7 名学生的优秀表现进行评审,最终 1 名学生拿到 2 个学分,两名学生拿到 1 个学分,4 名学生没有获得学分。

据了解,该校学生思想品德素质测评由全校各部门、各学院负责人参与打分,根据典型程度和影响大小进行评分。该校素质测评中心主任李金永介绍,去掉最高分和最低分后,综合评分在 90 分以上的可获得 2 个素质学分,85～90 分的学生可获得 1.5 个素质学分,80～85 分的可获得 1 个素质学分,低于80 分没有素质学分。

该校会计 1502 班学生张一伦,2017 年 9 月 16 日在汉口徒手制服一个抢劫初中生的歹徒。他见义勇为的事迹被多家媒体报道后引发强烈反响。此次思想品德素质测评会议中,他平均得分 90.33 分,最终获得 2 个素质学分奖励。会计 1606 班学生田沁沂和电商 1601 班学生向明峰积极参加志愿服务活动,多次参与义务献血、地铁志愿者、关爱残疾儿童、青龙山环保之旅等公益活动。两人在此次评审中,因“乐于奉献”均获得 1 个学分的奖励。该校投资1502 班学生刘海多次捡到同学财物主动归还,此次以“拾金不昧”项目参评。该校工商 1601 班学生董浩上学期期末考试成绩在班级排名为 23,而本学期期末考试进步到班级第一名,此次以“勤奋上进”项目参评。不过在评审中,由于典型程度不够,综合评分低于 80 分而没有获得学分奖励。听闻自己因见义勇为事迹而获得学校给予的学分奖励,张一伦高兴地说:“这是对我个人的肯定,也激励着我在以后的学习生活中进一步弘扬社会正气,传递正能量。”

该校党委书记涂方剑教授表示,践行才是大学生思想品德素质形成的标志,思想品德素质测评的推进,把对学生的评价从课上延伸到课外,填补了学

---

① 武汉一高校测评学生思想品德素质:见义勇为、乐于奉献等行为可获学分[EB/OL]. http://www.chinanews.com/gn/2018/04-18/8493560.shtml.

生课外素质评价的空白,"有助于实现学生知行统一"。

（二）突出奖励激励的价值导向作用

目前国家已经出台了较为完善的高校学生资助政策体系,以物质资助的形式解决困难大学生的求学问题。但是单纯的物质激励只能满足学生的一时需要,所以更要增强国家奖助学金的精神价值引导和辐射功能,引导贫困大学生树立感恩意识、社会责任意识,才能使贫困大学生得到思想上的升华。

访谈中,作为贫困生的 H 同学表示:"上学期我获得国家的助学金,学校老师会定期有短信通知我补助款已到,也会时不时找我谈心,我就会感觉自己拿着公家的钱,就一定要好好学习,有太多人对我给予厚望,我一定不能让他们失望。同时在花钱则是提醒我勤俭节约,能不花则不花。"因此,在发放学校奖助学金的时候要注重加强学校层面的人文关怀,使国家的奖助学金充分发挥精神激励的功能。

有些高校还设立了贫困生的爱心基金,即倡议获得国家奖助学金的学生将奖金的一小部分自愿捐献,设立爱心基金,用于救助出现突发性状况的大学生,几年坚持下来,取得了较好的效果。这一举措充分发挥了奖助学金的精神激励功能,既有助于培养贫困大学生的荣誉感和责任感,也有助于培养他们乐于助人的优秀品质。

正如新行为主义认为,当学生完成任务时,可以通过给予口头或是书面表扬、打高分、添加星标、准许特权以及奖励可以交换奖品的积分强化学生的努力行为,或者用其他方式补偿学生所做的努力,用学生认为有价值的奖励方式对他们所取得的成绩表示认可。[①] 因此,高校在给学生颁发奖学金的时候,要注意发挥其精神激励的作用,尤其是一些高成就动机的学生,他们更加关注奖学金所代表的荣誉,把获得奖学金作为自尊、他尊的条件和自我实现的标志。

---

① 杰里·布洛菲.激励学生学习[M].张弛,等译.北京:商务印书馆,2016:8.

结　语

　　本书基于文献分析,对大学生激励教育进行了理论与实践的探索,在此基础上,借鉴了问卷调查的量化研究和以访谈形式为主的质性研究,探讨了当前大学生激励教育存在的问题及其原因,分析了影响大学生激励效果的因素,提出了优化大学生激励教育的路径方法。从整体而言,本书有以下观点:

　　大学生激励教育是思想政治教育的内容之一,它有着政治导向功能、行为驱动功能、习惯强化功能和潜能开发功能。激励教育对于调动大学生的积极性、主动性与创造性起着重要的作用,它能够提升思想政治教育的效果。

　　通过自编问卷,对浙江省高校大学生激励教育开展了实证调查。调查显示,浙江省大学生的年级、生源地、就读中学等因素对激励教育的效果没有明显差异,但性别、专业、学生干部经历、政治面貌、大学类型等因素对大学生激励教育的效果有明显差异,结合量化研究和质性研究,认为当前激励教育尚存在缺乏科学性、创新性、系统性等诸多问题。

　　大学生激励教育是一个系统工程,需要以科学的激励理论为指导,不断加强激励教育的科学性、系统性,完善激励教育的内容,创新激励教育的方法和载体,从而使激励教育更具有时代性和针对性,从而不断提升激励教育的效果。

　　虽然本书针对大学生激励教育问题尽力开展全面、科学的研究,但是由于自身能力、人力、物力等原因,在以下方面还有待进一步提高。

　　一是在激励教育研究的深度、广度上还有待提高,针对当代大学生激励教育的路径对策的创新性观点还不够,还需在实践中加强。

　　二是实证调查研究对象的样本主要局限在浙江省高校大学生,受访谈对象的局限,得出的结论只能代表一部分高校的激励教育现状,有待在今后研究中进一步扩大样本,做更深入的探讨。

参考文献

Adams J. S. Inequity in Social Exchange. In Berkowiz L. (ed.). Advances in Experimental Psychology [M]. New York: Academic Press,1965.

Aldefer C. Existence, Relatedness, and Growth[M]. New York: Free Press,1972.

Colburn K., Newmark R. (eds.). Service-learning Paradigms: Intercommunity, Interdisciplinary & International [M]. Indianapolis, IN: University of Indianapolis,2007.

Deci E. L., Ryan R. M. Motivation, Personality, and Development within Embedded Social Contexts: An Overview of Self-determination Theory. In Ryan R. M. (ed.). The Oxford Handbook of Human Motivation. [M]. Oxford, United Kingdom: Oxford University Press,2012.

Deci E. L., Ryan R. M. The "What" and "Why" of Goal Pursuits: Human Needs and the Self-determination of Behavior [J]. Psychological Inquiry, 2000,11(4).

Diener E. Subjective Well-being [J]. Psychological Bulletin,1984,95(3).

Ellliot A. J., Covington M. Approach and Avoidance Motivation[J]. Educational Psychology Review, 2001(13).

Loke E., Shaw K., Saari L. Latham G. Goal Setting and Task Performance: 1960-1980. [J]Psychological Bulletin,1981(90).

McClelland D. Human Motivation [M]. Glenview, IL: Scott, Foresman,1985.

Mowday R. Equity Theory Predictions of Behavior in Organizations. In Steers R., Porter L. (eds.). Movivation and Wor Behavior,5th[M]. New York:McGraw-Hill,1993.

Ryan R. M., Deci E. L. Self-determination Theory and the Facilitation of Intrinsic Motivation, Social Development, and Wellbeing. [J]. American Psychologist,2000(55).

Salovey P., Rothman A. J., Detweiler J. B., et al. Emotional States and Physical Health [J]. American Psychologist, 2000,55(1).

Sheldon K. M., King L. Why Positive Psychology is Necessary [J]. American Psychologist,2001,56(3).

Skinner B. F. Beyond Freedom and Dignity [M]. New York: Knopf,1971.

Tubby M. Goal Setting:A Meta-analytic Examination of the Empirical Evidence [J]. Journal of Applied Psychology,1986,71(3).

Vroom V. Work and Motivation[M]. New York: John Wiley,1964.

Zimmerman B. J. A Social Cognitive View of Self-regulated Academic Learning[J]. Journal of Eduational Psychology,1989(81).

阿兰·卡尔. 积极心理学:关于人类幸福和力量的科学[M].郑雪,等译校.北京:中国轻工业出版社,2008.

安德鲁·杜柏林,罗全喜.自律[M].叶凯译.北京:机械工业出版社,2005.

安世遨.大学生激励管理:理论、原则与方法[J].高等教育研究,2008(6).

班杜拉.社会学习理论[M].郭占基,等译.长春:吉林教育出版社,1988.

布鲁克斯.组织行为学:个体、群体和组织[M].李永瑞,等译.北京:高等教育出版社,2011.

蔡奇轩.试析激励理论在高校学生管理中的运用[J].江西社会科学,2012(3).

陈秉公.思想政治教育学原理[M].沈阳:辽宁人民出版社,2006.

陈平,侯聪.大学生物质奖励与精神奖励互补激励机制浅析[J].长江大学学报(社科版),2012(3):153.

陈向明.质的研究方法社会科学研究[M].北京:教育科学出版社,2000.

程序.浅谈激励教育法在德育工作中的运用[J],重庆教育学院学报,2003(9):91.

戴本博.外国教育史(中册)[M].北京:人民教育出版社,1990.

丹尼尔·平克.驱动力[M]. 龚怡屏译.北京:中国人民大学出版社,2012.

邓小平文选(第2卷)[M].北京:人民出版社,2001.

邓小平文选(第3卷)[M].北京:人民出版社,2001.

第斯多惠.德国教师培养指南[M]. 袁一安译. 北京:人民教育出版社,2001.

丁永建.新时期高校思想政治教育激励模式创新[J].中国成人教育,2012(1):86.

董宝良.陶行知教育论著选[M].北京:人民教育出版社,1991.

冯帮,朱弟珍.激励教育理论再诠释[J].湖南师范大学学报(社会科学版),2013(10):133.

冯刚,王栋梁.思想政治教育反馈激励机制的构建——基于游戏系统的启示[J],思想政治教育,2018(8):22-25.

冯刚. 新形势下意识形态相关问题研究[M]. 北京:光明日报出版社,2014.

高尔基.论文学[M].北京:人民出版社,1978.

高凤香.德育激励理论及方法探讨[J].学校党建与思想教育,2011(5):52.

高紫薇.朋辈激励在大学生志愿者服务中的探索和运用——以上海师范大学世博园志愿者为例[J].青年探索,2011(3):41.

韩云金,张日新,杨志群,等.激励理论在学生思想政治工作中的应用研究[J].华南农业大学学报(社会科学版),2003(1):154-155.

郝文军.大学生思想政治教育激励机制的建设[J].思想政治教育研究,2008(12):94.

何仕.论大学生的激励教育[J].福建工程学院学报,2007(4):173-174.

贺维.大学生道德激励问题研究[D].衡阳:南华大学,2015.

胡朝兵,毛兴永,张兴瑜.大学新生心理需求调查与对策探讨[J].当代教育科学,2010(23):49-50.

胡锦涛.高举中国特色社会主义伟大旗帜,为夺取全面建设小康社会新胜利而奋斗[M].北京:人民出版社,2007.

胡玲芝.情感激励在大学生教育管理中的应用[J].教育探索,2008(4):71.

黄希庭,张进辅,张蜀林.我国大学生需要结构的调查[J].心理科学通讯,1988(4):184.

黄希庭.心理学导论[M].北京:人民教育出版社,1991.

江泽民.论"三个代表"[M].北京:中央文献出版社,2001.

江泽民文选(第2卷)[M].北京:人民出版社,2006.

讲道理的近代史　自定义的思政课——记清华大学马克思主义学院李蕉副教授[J].思想理论教育导刊,2017(7):9.

杰里·布洛菲.激励学生学习[M].张弛,等译.北京:商务印书馆,2016.

李春山,何京泽等.社会主义核心价值观大众化研究[M].北京:人民出版社,2017.

李德善,张克杰.激励教育的基本特征[J].天津教育,1995(9):8-9.

李晓凤,佘双好.质性研究方法[M].武汉:武汉大学出版社,2006.

李祖超.湖北省教育科研成果选集[M].武汉:武汉理工大学出版社,2001.

李祖超.教育激励论[M].北京:中国社会科学出版社,2008.

列·符·赞科夫.和教师的谈话[M].杜殿坤译.北京:教育科学出版社,1980.

列宁全集(第40卷)[M].北京:人民出版社,1986.

林孟涛.马克思主义人学理论及其当代实践——从育人的角度看[J].中国特色社会主义研究,2013(4):49.

林小星.大学生思想政治教育中的任务激励法简析[J].学校党建与思想教育,2011(8):90.

刘海燕,江舟.大学生理想信念教育教学需求的调查分析[J].学校党建与思想教育,2013(2):9.

　　刘红宁,廖东华,康胜利.高校多元化梯度激励新机制探索[J].思想教育研究,2010(11):80.

　　刘晓黎,邵秋男.激励作用在大学生生态道德教育中的运用[J].经济师,2014(5):216.

　　刘新庚.现代思想政治教育方法论[M].北京:人民出版社,2006.

　　卢倩,聂磊.激励理论研究的现状评述[J].前沿,2005(11):61—62.

　　罗伯特·B.登哈特,珍妮特·V.登哈特,玛丽亚·P.阿里斯蒂格塔.公共组织行为学[M].赵丽江译.北京:中国人民大学出版社,2007.

　　马长英,蒋美红.激励法在大学生思想政治教育中的运用及其哲学审视[J].北京化工大学学报(社会科学版),2012(4):75—76.

　　马建青."思想道德修养与法律基础"课"三大课堂"相结合的教学方法探讨[J].思想教育研究,2017(10):70—73.

　　马克思恩格斯全集(第23卷)[M].北京:人民出版社,1972.

　　马克思恩格斯全集(第3卷)[M].北京:人民出版社,2002.

　　马克思恩格斯选集(第1卷)[M].北京:人民出版社,1995.

　　马克思恩格斯选集(第4卷)[M].北京:人民出版社,1995.

　　迈克尔·马奎特,等.行动学习——原理、技巧与案例[M].郝君帅,刘俊勇译.北京:中国人民大学出版社,2013.

　　毛泽东文集(第7卷)[M].北京:人民出版社,2009.

　　毛泽东选集(第1卷)[M].北京:人民出版社,2009.

　　毛泽东著作选读[M].北京:人民出版社,1986.

　　蒙秋明.激励理论在高校思想政治工作中的运用分析[J].学校党建与思想教育,2008(3):7.

　　缪建东.家庭教育学[M].北京:高等教育出版社,2015.

　　潘永兴.激励教育的理论阐释与实践研究[D].长春:东北师范大学,2011.

　　潘永兴.激励教育的理论诠释[J].东北师范大学学报(哲学社会科学版),2011(3):82—84.

　　庞晶,徐凤江.论高校思想政治理论课中激励教育法的运用[J].教育与职业,2012(2):134.

彭四平,等.激励心理学——人类前进的推动器[M].武汉:湖北人民出版社,2006.

皮连生.学与教的心理学[M].上海:华东师范大学出版社,2002.

戚万学,等.现代道德教育专题研究[M].北京:教育科学出版社,2005.

邱柏生,董雅华.思想政治教育学新论[M].上海:复旦大学出版社,2012.

任莉.高校学生激励机制的理性思考[J].学校党建与思想教育,2011(1):81.

申来津.精神激励的权变理论[D].南京:南京师范大学,2002.

沈信民.学校激励管理论[M].重庆:重庆大学出版社,2011.

石凤妍,徐建栋.党的思想政治工作方法新论[M].天津:天津社会科学院出版社,2006.

时建朴,王瑾.关于当代大学生需要发展的调查研究[J].青岛大学师范学院学报,2005(3):103.

斯蒂芬·P.罗宾斯,蒂莫西·贾奇.组织行为学[M].孙健敏,王震,李原译.北京:中国人民大学出版社,2003.

孙艳淮.激励理论在大学生教育管理中的应用[J].中国青年研究,2008(11):101-102.

托马斯·戈登.顶好教师——建立良好的师生关系[M].陈雷,张杰,王宇红译.北京:知识产权出版社,2002.

万光侠.思想政治教育的人学基础[M].北京:人民出版社,2006.

王德勋.论激励理论在高校思想政治工作中的运用[J].学校党建与思想教育,2009(1):43-44.

王礼湛.思想政治教育学[M].杭州:浙江大学出版社,1989.

王丽萍,李英梅.高校学生思想政治教育激励机制构建研究——以河北省部分高校为例[J].学校党建与思想教育,2010(11):68.

王丽萍,袁云岗.激励理论与高校学生思想政治教育的路径和对策[J].河北学刊,2010(4):228.

王伟忠.高校学生发展性激励机制探析[J].中国成人教育,2008(2):30.

王晓寰.教育激励理论与大学生非智力因素的培养[J].中国成人教育，2012(11):87.

王易,张莉.试论激励法在大学生思想政治教育中的运用[J].思想理论教育导刊,2010(7):81.

习近平谈治国理政[M].北京:外文出版社,2014.

习近平在北京大学师生座谈会上的讲话[N].人民日报,2013-09-10.

习近平在全国高校思想政治工作会议上强调:把思想政治工作贯穿教育教学全过程 开创我国高等教育事业发展新局面[N].人民日报,2016-12-09.

夏洪胜,等.组织行为学[M].北京:经济管理出版社,2014.

向宇婷,董娅.当代大学生思想政治教育方法理念的人学化发展及取向[J].思想政治教育研究,2010(2):55.

谢默霍恩二世·J.R.,亨特·J.G.,奥斯本·R.N.组织行为学[M].刘丽娟,等译.北京:清华大学出版社,2004.

熊川武.学校管理心理学[M].上海:华东师范大学出版社,1996.

徐蕾,郭智芳.高校家校合作育人新模式的构建[J].思想教育研究,2012(2):94.

徐伟.毛泽东政治思想激励研究[D].武汉:中国地质大学,2013.

闫旭蕾,等.家庭教育概论[M].北京:北京大学出版社,2012.

杨芷英.思想政治教育心理学[M].北京:中国人民大学出版社,2014.

俞文钊.现代激励理论与应用[M].大连:东北财经大学出版社,2014.

岳晓东,等.雕塑你的大脑[M].上海:上海书店出版社,2016.

曾仕强.最有效的激励艺术[M].北京:北京联合出版社,2011.

张爱芳.美国大学校园文化研究[M].杭州:浙江大学出版社,2015.

张传燧,等.解读行为主义教育思想[M].广州:广东教育出版社,2006.

张克杰.激励教育的理论认识和实际操作[J].教育研究,1994(6):60—61.

张彦.思想政治教育主体性研究[M].广州:广东人民出版社,2006.

张耀灿,等.思想政治教育学原理[M].北京:高等教育出版社,2001.

张耀灿,等.现代思想政治教育学[M].北京:人民出版社,2006.

张耀灿.思想政治教育前沿[M].北京:人民出版社,2006.

张耀灿.中国共产党思想政治教育史论[M].北京:高等教育出版社,2006.

张志强.积极情感效用论[M].青岛:中国海洋大学出版社,2013.

赵红星,苏俊霞.激励教育法的实施依据及方式[J].社会科学论坛,2006(5):170.

赵志华."以人为本"视域下的激励方法与思想政治教育[J].河北学刊,2008(5):199-200.

郑永廷.思想政治教育方法论[M].北京:高等教育出版社,1999.

中共中央文献研究室.习近平关于青少年和共青团工作论述摘编[M].北京:中央文献出版社,2017.

周国辉.大学生激励教育存在的问题及对策[D].武汉:华中师范大学,2012.

朱小蔓.创新教育的哲学思考[J].教育理论与实践,2000(3):19.

祖嘉合.思想政治教育方法教程[M].北京:北京大学出版社,2004.

后 记

　　之所以选择这个主题,是因为我本人就是激励教育的受益者和实践者。从专科生到博士,是我人生中的一次大跨越。读博对我来说不仅是一次学术上的探索之旅,更是一次激励教育的成功实践。当初就是学校党委书记章清教授的提点和鼓励开启了我在职攻读博士的历程。几年来,家人的鼓励、导师的谆谆教导、同学的关心、领导及同事的支持,给了我不懈的动力。还记得下班后在办公室里阅读一篇篇的文献;还记得双休日、寒暑假一次次赶往浙大图书馆查阅资料;还记得为了修改章节内容而早起的那些清晨和熬过的通宵⋯⋯

　　这本专著是在我的博士论文基础上修改而成的,它也是教育部人文社会科学研究专项(高校思想政治工作)"民办高校党的建设融入学校治理体系研究"(19JDSZ1002)阶段性成果。感谢我的导师、浙江大学马克思主义学院马建青教授的悉心指导,正是由于他的严格要求和不断鞭策,我的论文才能顺利成稿,感谢他还在百忙之中抽空为本书写序;感谢浙江大学马克思主义学院刘同舫院长、张彦副院长、万斌教授、段治文教授、张应杭教授、代玉启教授、潘恩荣教授、黄铭教授等一批优秀园丁的辛勤培养;感谢浙江树人大学,她既是我的母校,也是我现在的工作单位,从 1999 年入学,2002 年毕业留校至今,她见证了我这 20 年的成长;感谢浙江树人大学校长徐绪卿教授在答辩前给予的指点;感谢陈浚副校长、余克艰处长、吕何新教授、金德萍老师等同事在本书撰写过程中给予的勉励;感谢马克思主义理论学科负责人宋斌教授及学校科研处在本书出版过程中给予的大力支持;感谢张锦、施永忠、高飞等老师对本书提出的宝贵意见;感谢朱美燕、励立庆、潘恩安、田传信、朱海亮、赵颂平、陶进等兄弟院校的老师们在调研时给予的帮助;感谢接受我访谈的那些老师和学生;

感谢在写作过程中我曾经学习、参考、借鉴过的文献作者；感谢浙江大学出版社，感谢吴伟伟编辑的辛勤付出，感谢杨利军、夏湘娣两位老师认真细致的校对，才使这本专著得以按期出版。我还要感谢我的家人，正是因为他们在背后默默的支持，我才有了良好的写作环境，才能在工作之余心无旁骛地专心写作。总之，对所有关心、支持和帮助过我的人表示衷心的感谢！

最后，我想以我的菲薄之力，呼吁更多的人来关注、研究和实践激励教育，也希望激励教育能成为社会、学校以及家庭教育中的最常态。

陈乐敏

2019 年 2 月

图书在版编目(CIP)数据

大学生激励教育研究 / 陈乐敏著. —杭州:浙江
大学出版社,2019.6(2022.10 重印)
ISBN 978-7-308-19227-9

Ⅰ.①大… Ⅱ.①陈… Ⅲ.①大学生－激励－教育研
究 Ⅳ.①G645.5

中国版本图书馆 CIP 数据核字(2019)第 122245 号

大学生激励教育研究

陈乐敏　著

责任编辑	吴伟伟 weiweiwu@zju.edu.cn	
责任校对	杨利军　夏湘娣	
封面设计	雷建军	
出版发行	浙江大学出版社	
	(杭州市天目山路 148 号　邮政编码 310007)	
	(网址:http://www.zjupress.com)	
排　　版	浙江时代出版服务有限公司	
印　　刷	广东虎彩云印刷有限公司绍兴分公司	
开　　本	710mm×1000mm　1/16	
印　　张	11.25	
字　　数	178 千	
版 印 次	2019 年 6 月第 1 版　2022 年 10 月第 2 次印刷	
书　　号	ISBN 978-7-308-19227-9	
定　　价	58.00 元	